朱执信传

高占祥　主编

孙畅慧　著

北京时代华文书局

图书在版编目（CIP）数据

朱执信传 / 孙畅慧著 . -- 北京：北京时代华文书局，2015.8（2022.3 重印）
（中国人格读库 / 高占祥主编）
ISBN 978-7-5699-0452-9

Ⅰ . ①朱… Ⅱ . ①孙… Ⅲ . ①朱执信（1885～1920）—传记 Ⅳ . ① K827=6

中国版本图书馆 CIP 数据核字（2015）第 183473 号

朱 执 信 传
Zhu Zhixin Zhuan

主　　编 | 高占祥
著　　者 | 孙畅慧

出 版 人 | 陈　涛
责任编辑 | 邢　楠
装帧设计 | 程　慧　段文辉
责任印制 | 訾　敬

出版发行 | 北京时代华文书局 http://www.bjsdsj.com.cn
　　　　　北京市东城区安定门外大街 138 号皇城国际大厦 A 座 8 楼
　　　　　邮编：100011　电话：010 - 64267955　64267677
印　　刷 | 三河市嵩川印刷有限公司　0316 - 3650395
　　　　　（如发现印装质量问题，请与印刷厂联系调换）
开　　本 | 787mm×1092mm　1/16　印　张 | 10　字　数 | 95 千字
版　　次 | 2016 年 1 月第 1 版　印　次 | 2022 年 3 月第 3 次印刷
书　　号 | ISBN 978-7-5699-0452-9
定　　价 | 38.00 元

社会主义核心价值观与中国人格

周殿富

　　社会主义制度在中国已经建立了六十余年，而我们党则在本世纪初叶提出了培育弘扬社会主义核心价值观的重大课题，显然是其来有自。

　　社会主义的道德风尚在新中国蔚然兴起，曾经那样地风靡于二十世纪中叶。邓小平同志曾经在改革开放中讲过，当年"这种风气不仅是中国历史上从来没有过的，而且受到了世界人民的赞誉"。然而可惜的是，这个在社会主义制度建立与实践中，同步兴起的社会主义道德风尚的成长道路，却是一波四折。半个多世纪以来，它先是与共和国一道遭受了十年"文革"的浩劫；接着便是全党工作重心转移到改革开放进程中，欧风美雨"里出外进"的浸洗濡染；再接着是西方"和平演变"在东欧得手的强烈震荡与冲击；最后又是市场经济中那两只"看不见的手"在搅动着、嬗变着人们的价值取向。至少在国民中出现了价值观上的多层次化，传统美德的弱化，社会道德文明水准的退化，光荣革命传统的淡化，这也许正是中央在本世纪初提出社会主义核心价值观的原因吧。

不管怎么"变"，怎么"化"，当我们回首来时路，却不能不说，中华民族真的很强大，很值得骄傲。人类经历了几千年的文明进程，堪称世界文化之源的"五大文明古国"，其他四大古国文明都已被历史淘汰灭亡，只有中国成了唯一的延续存在。近现代即使那般的积贫积弱，被西方列强豆剖瓜分、弱肉强食，想亡我中华都不可能，就连最强大的美帝国主义，最凶残的日本军国主义都成为我们的手下败将，而且打出了一个新中国，且跨过整整一个历史阶段，直接进入了社会主义。西方敌对势力几十年不遗余力地对新中国百般围剿，"冷战""热战""和平演变"手段用尽，连如此强大的前苏联乃至整个苏东阵营都被瓦解了，而社会主义的旗帜仍旧在960万平方公里的土地上高高飘扬，而且昂首挺胸地屹立在世界的东方，中国真的是太强大了。几十年来的瞩目成就，竟然令西方发出了"中国威胁论"。你管他别有用心也好，言过其实也好，总比让别人说我们是"瓷器"，是"东亚病夫"好吧？1840~1949年的一百零九年间，中国尽受别人的欺负、"威胁"了，我们也能让那些昔日列强有点"威胁感"，又有什么不好？更何况这是他们自己说的啊！我们并没吹嘘，也没有去做。几千年来我们侵略过谁呢？"反战""非攻""兼相爱，交相利"，中国古有墨子，近有周恩来、邓小平同志。这也是中华民族固有传统美德的延续吧！

生于忧患，死于安乐，这也当是中华民族的一个传统美德吧？几十年来尽管中国如此繁荣兴旺，但从邓小平生前一直到党的"十八大"以来，无论哪一届中央领导集体，从来都没有忘记过国之忧患。忧在何处，患在何处呢？

二十世纪八十年代末，邓小平同志曾经在半年的时间内四次提到：中国改革开放十年最大的失误在教育，在"对青年的政治思想教育抓得不够""对人民的教育不够"，足见他的痛心疾首。他晚年时又提到了"国格"与"人格"的问题，讲道："谈到人格，但不要忘记还有一个国格。特别是像我们这样第三世界的发展中国家，没有民族自尊心，不珍惜自己民族的独立，国家是立不起来的。"

（精装版《邓小平文选》第3卷331页。）

人们很少注意到邓小平的这一段话，但邓小平恰恰是在这里把"国格""人格"提升到了事关"立国"的高度。

那么，什么是我们社会主义的"国格"呢？邓小平讲得很明白："民族自尊心""民族的独立"。

新中国一路走来，我们最大的尊严便是完全靠"自力"，靠"艰苦奋斗"，而达"更生"之境。对西方敌对势力的"冷战""热战""和平演变"，我们何曾有过屈服？也正是在这一前提下，我们才有真正的"民族独立"。这就是我们的国格。那么什么是我们中国人的人格呢？邓小平同志在这里没有讲，但他在1978年4月22日召开的全国教育工作会议上的讲话中，在讲到我们的教育培养目标时，至少提到与社会主义人格相关的各个方面：革命的理想，共产主义的品德，勤奋学习，严守纪律，艰苦奋斗，努力上进，爱祖国，爱人民，爱劳动，爱科学，爱护公共财产，助人为乐，英勇对敌，集体主义精神，专心致志地为人民工作，等等。这里的哪一条不属于社会主义人格的范畴呢？

2006年党的十六届三中全会，第一次提出了"建设社会主义核心价值体系"的历史性命题和战略任务。2007

年，胡锦涛同志在"6·25"讲话中又具体提出这个"体系"包括四个方面的内容：①马克思主义的指导思想；②中国特色社会主义共同理想；③以爱国主义为核心的民族精神和以改革创新为核心的时代精神；④社会主义荣辱观。这四个方面，一是信仰，二是理想，三是精神，四是道德文明，哪一个不在社会主义人格的范畴之内呢？党的十七届六中全会又提到了社会主义核心价值体系是"兴国之魂"。

2012年11月，在党的"十八大"上又用"三个倡导"把社会主义核心价值观概括为十二项：①倡导富强、民主、文明、和谐；②倡导自由、平等、公正、法制；③倡导爱国、敬业、诚信、友善。而且中办文件又把这"三个倡导"分为三个层面：第一个"倡导"的四项，是国家层面的价值目标；第二个"倡导"的四项，是社会层面的价值取向；第三个"倡导"的四项，是公民个人层面的价值准则。实际上前两个"倡导"的八项都是属于"国格"范畴，而第三个"倡导"是属于"人格"范畴。

那么，我们怎样才能在前面讲到的那些历史嬗变中培育建构起这个"核心价值观"呢？中共中央政治局的第十三次集体学习，似乎很明确地回答了这个问题。

新华社北京2014年2月25日电讯称：中央政治局在2月24日，以弘扬社会主义核心价值观，弘扬中华传统美德为内容，进行了集体学习，习近平总书记在主持学习时强调：

培育和弘扬社会主义核心价值观必须立足中华优秀传统文化。牢固的核心价值观，都有其固有的根本。抛弃传统、丢掉根本，就等于割断了自己的精神命脉。博大精深的中国优秀传统文化是我们在世界文化激荡中落稳脚跟的根基。中华文化源远流长，积淀着中华民族最深层的精神追求，代表着中华民族独特的精神标识，为中华民族生生不息、发展壮大提供了丰厚滋养。中华传统美德是中华文化精髓，蕴含着丰富的思想道德资源。不忘本来才能开辟未来，善于继承才能更好创新。对历史文化特别是先人传承下来的价值理念和道德规范，要坚持古为今用、推陈出新，有鉴别地加以对待，有扬弃地予以继承，努力用中华民族创造的一切精神财富来以文化人，以文育人。

习近平总书记的这段论述相当精辟，对于如何培育建构社会主义核心价值观问题从四个方面剀切明白。

第一，他明确指出要在中华优秀传统文化的基础上，来构造我们的社会主义核心价值观，而不能割断历史。这一条十分重要，否则我们便会失去我们的本来面目，便会成为无源之水，也就无法走向未来。

第二，指出了中华传统美德是中华文化精髓，蕴含着丰富的思想道德资源。这就为我们揭示了社会主义核心价值观，要以弘扬优秀的中华传统美德为基础。

第三，他指出，对传统文化在扬弃中继承，在继承中创新。这就是说，社会主义核心价值观的内涵，既要有优良传统的文化精神，也要有时代精神，是二者的有机结合。

第四，他指出要用中华民族创造的一切精神财富，来化人育人。这就是说，弘扬中华民族文化，并不只是传承儒学那些道统，而是要弘扬全民族共创的优秀传统文化。同时也就是说，培育、弘扬社会主义核心价值观的根本目的是化民、育人。

尤其值得瞩目的是，习近平总书记在这次讲话中提到了一个"中华民族独特的精神标识"问题，而在同年的全国组织部长会议上又提出我们再也不能以GDP论英雄的思想。让人欣慰的是，思想道德文化建设终于被提升到一个民族的标识地位，这至少表明中国人的思想观念，并不落伍于世界潮流。

并不受人欢迎的亨廷顿生前给他的祖国提出的警示忠告，竟是如何弘扬他们没有多少历史和文化的"传统文化"："盎格鲁新教精神——美国梦"，以此为国家的"文化核心"问题。他讲道："在一个世界各国人民都以文化来界定自己的时代，一个没有文化核心而仅仅以政治信条来界定自己的社会，哪有立足之地？"所以，他提醒他无限忠于的祖国，一定要巩固发扬他们自入居北美以来，在新教精神基础上形成的"美国梦"理念的"文化核心"地位，这样才能消解这个国家的民族与文化双重多元化的危机。为此，他甚至预言美国弄不好会在本世纪中叶发生分裂。而且他公开预言不列颠大英帝国也会因民族与文化多元化的问题，导致在本世纪上半期发生分裂。

西方的一些专家学者们也十分强调国家民族文化的地位问题，柏克说："全世界的人根据文化上的界限来区分自己。"丹尼尔同样说："保守地说，真理的中心在于，对一个社会的成功起决定作用的是文化，而不是政治。开明地说，真理的中心在于，政治可以改变文化，使文化免于沉沦。"这些语言也可能有它们的局限性与某种非唯物性，但至少可以让我们看到那些发达的资本主义国家在想什么，至少与马克思主义经典作家们，关于意识形态并不总是消极被动地接受它的经济基础的论断并不相悖。

　　中国显然具有世界上最悠久的民族文化，同时显然也拥有世界上最强大的政治优势。新中国包括它直接进入社会主义的经济形态，以及其后的一次次经济变革，哪一次不是靠政治力量在强力推动呢？它当然同样拥有让我们几千年的民族文化"免于沉沦"的能力。有学人认为我们的民族文化早就被以往一次次的历史性灾难割裂了，这个看法显然都是毫无道理的。但我们当下却确实面临着"两个传统"失传失统的危险。中国的传统文化与优秀的民族美德，在当代国民中还有多少传承？老一代中国共产党人用生命与鲜血铸就的光荣革命传统，在党内还有多少"光大"？我们现在全民族的"核心文化"到底在何处？"社会主义核心价值观"的提出不仅符合世界潮流，也是使我们优秀的民族文化得以传承而不发生历史断裂的根本保证。富和强永远都不是一个民族的标志，哪个国家不可以富，不可以强？但能代表中国"这一个"本来面目，具有自己民族特色的，唯有中华民族的文化，能代表中国人形象的只有中国独具的道德人格。什么是人格？人格就是原始戏剧中不同角色的本来面目。

综上所述，我们是不是可以这样认为，社会主义核心价值观应内含如下的成分：中华民族传统文化中的优秀传统美德；中国人民近现代反帝反侵略反封建的爱国主义、斗争精神与中国共产党领导下形成的几十年光荣革命传统；中国化了的马克思主义有中国特色社会主义的共同理想；与"中国梦"远大目标相适应的时代精神。由这些内涵构成的社会主义核心价值观，用它来干什么呢？用习近平总书记的话来说就是"化人""育人"，把它再具体化一下，无非是打造能体现中华民族特色，代表中国形象的国格、人格。在思想道德层面上，一个国家的民族精神也只有在人的身上才能体现，所以我们依据社会主义核心价值观的基本要求，针对当代青少年的实际情况，策划了《中国人格读库》这样一套大型系列选题。

本套书承蒙全国少工委、中华文化促进会、团中央中国青年网三家共同主办推广，并积极提供书稿。难得高占祥老前辈热情出任该套书的编委主任，且高占祥同志不辞屈就加盟主创作者队伍。一些大学、中学教师与青年作者也积极加盟此套书的编写。该选题被国家新闻广电出版总局列为2014年全国社会主义核心价值观重点选题，在此一并鸣谢。

希望本套书的出版能为社会主义核心价值观的培育与弘扬，为促进青少年的道德人格养成起到积极的作用。欢迎广大读者与作家对不足之处批评教正，多提宝贵建议与指导意见。

谨以此代出版前言并序。

二〇一四年十月
于北京时代华文书局

引言

夫惟为将来而牺牲现在者，能使现在有现在以上之价值，故其进步不息。

——朱执信《未来价值与前进之人》

他，是孙中山口中的"革命圣人"。他，是胡汉民评价的"最忠于主义"的人。他，是戴季陶赞作"凤毛麟角"的人。他，就是朱执信（1885～1920）。

19世纪的中国，风云突变。1840年，外国列强发动鸦片战争，用坚船利炮打开了中国的大门，从此中国一步步走向了半封建半殖民地的深渊。痛惜中国国土的沦丧，有识之士纷纷提出改良政策，而于19世纪80年代成长起来的一代人则更具慧眼，决心通过革命推翻清王朝，铸造一个独立民主的新中国。在这批革命的浪潮中，朱执信不仅以他的学识、胆略成为民主革命的领军人物，更以他高尚的人格书写下反帝爱国的动人篇章。

朱执信

　　朱执信的爱国热情从小就展露出来。他儿时便关心国事，评论时政。当《马关条约》割地赔款的消息传来，朱执信大声痛哭，那时，他刚年满10岁。中国的未来何在？朱执信更加坚定了发奋图强改良中国的决心。然而，戊戌变法的失败，《辛丑条约》的签订让他看到清政府的腐败无能，他终于醒悟：改良是没有用的，唯有革命一途，方能拯救中国！从此，朱执信便怀揣一颗拳拳赤子之心，头也不回地走向了革命救国的道路。

　　广州是朱执信的家乡，他的革命之火，也从这里开始燃起。留日回国后的朱执信，打着教书的名号，暗中从事收复广州的革命事业。发动会党和新军参加革命、暗杀水师李准、参与广州起义……朱执信一次次冲击着清王朝昏愦的统治。面对清政府无情的镇压与搜捕，朱执信早已置生死于度外。他在给四弟的信中说："我决意为革命牺牲，家人视我为已死即可。"正是抱着这样的勇气与信念，朱执信最终与一众革命党人成功收复了广州，为中华民国的建立立下了汗马功劳。

中华民国建立后，革命党人终究是势力弱小，再加上其革命的不彻底性，封建集团又开始了猛烈的反扑！1915年，袁世凯复辟帝制，革命党人的革命成果付之一炬！朱执信不计个人得失，力主武装讨袁，和国会"法律讨袁"形成了鲜明的对比。广东都督龙济光是袁世凯的心腹，其治下的广州更是黑暗不堪，朱执信决意誓死讨龙。最终，在朱执信坚持不懈的斗争下，龙济光交出了广东军政大权。这一结果可谓是振奋人心，它不仅直接奠定了护国运动的胜利，更为中国近代史写下反帝反封建的光彩一笔。

为了祖国，可以不辞辛劳！为了祖国，可以舍弃生命！朱执信虎门遇难的时候，年仅35岁。他的一生就像流星一般，虽然短暂，却把最光辉的瞬间尽数奉献给了革命事业。他收复广州，维护共和，阐发三民主义，译介马克思学说。他以大无畏的牺牲精神以及对共和理想的追求行动，表达出自己对祖国最深挚的爱。

朱执信曾在《毁灭》一诗中写道："一个星团毁灭了，别个星刚团起；我们的眼睛昏涩了，还有我们的兄弟，我们的儿子！"一个朱执信失去了，还有千千万万个朱执信站起来！朱执信爱国的精神，奉献与奋斗的精神将永远感召着后人，在一代代中国人的努力下，中华民族的伟大复兴指日可待！

目录

第一章 天纵英才

朱家双喜临门

朱执信的出生地——广州，是近代中国新思想活跃的地域之一。鸦片战争后，清政府签订《南京条约》，将广州开放为通商口岸，这使广州成为中西文化碰撞的前沿地带。1864年，洋务派又创办了第一所外语学校——广州同文馆。此后，又相继建立了广东实学馆和广东水师学堂。广州可谓是走在了中国教育的浪尖之上。孙中山曾在《拟创立农学会书》中写道："伏念我粤东一省，于泰西各种新学闻之最先，绍绅先生不少留心当世之务，同志者定不乏人。"由此可见广东风气之新。在这种新潮的风气中，朱执信的家庭一方面有着旧学的传统，一方面又关心实务，良好的教育为朱执信未来学贯中西打下了坚实基础。

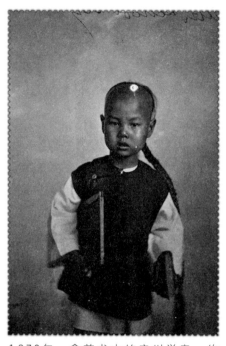

1870年，拿着书本的广州学童，约翰·汤姆逊（John Thomson）摄

1885年10月12日（光绪十一年，乙丑九月初五日），广州城内豪贤街的"汪氏随山馆"内，人人脸上都充满了笑容。那一天，可谓是双喜临门：朱家少爷朱启连的孩子平安出生，同一时间，孩子舅父汪辛伯（兆栓）中举的捷报也恰巧传至家中。外祖父在高兴之余，便赐给外孙一个"举"字，作为乳名。这个少年时代常被唤作"朱举"的孩子，就是未来著名的革命家、思想家朱执信。

朱执信的祖父朱夏，字荔衫，自浙江迁居广东，曾任职广东善后局，后定居番禺。父亲朱启连，字跋惠，又字棣纬，是当地著名的儒士。他懂诗文、擅书法，学识渊博。不仅如此，他还喜爱抚琴，曾自刻印章"琴皇帝"，还被人们称为"琴王"。朱启连19岁时拜于汪瑔门下，由于文采极佳，被推荐到两广总督张之洞幕府任职。但是，由于张之洞对他不尊敬，他便作书责备，辞官回家。汪瑔欣赏朱启连的才智品德，便将次女汪若昭许配给他。

朱执信的父母都精于家学，在书香门第中成长起来的朱执信自幼便受诗文的耳濡目染。父亲朱启连著述很多，有文集四卷、外集三卷、琴说两卷、琴谱若干卷等。朱启连尤以诗文赢得时人的赞许，陶邵学曾说朱启连"文学似陈师道，艺术似姜夔"。母亲汪若昭幼承家学，读了不少古籍，尤工诗词。在这种环境下，朱执信四岁就开始跟母亲识字，七岁就学习四书五经、《资治通鉴》等书，八岁即可属文。

由于家中重视教育，朱执信十一岁起就开始跟当地著名的私塾老师学习。朱执信首先拜在宿儒章奏箎门下，没过多久，又在老秀才沈孝芬门下就读。坚实的家学基础再加上后天的勤奋学习，朱执信年纪轻轻便夯实了自己的国学根基。

朱执信的家中十分开明，在学习国学之余，又让朱执信接受西学的洗礼。微分、积分、解析几何、立体几何……朱执信徜徉在数学的世界里，他凭借自己的天才和勤奋令周围人刮目相看。

书香门第不仅对朱执信学识的积累起着重要作用，更是他未来人格形成的重要环境。

在父母的教化下，朱执信的爱国热情一次次被激发。母亲汪若昭熟悉辛弃疾、文天祥、史可法等人的英雄事迹，常常向儿女们讲述这些历史人物的故事。"人生自古谁无死，留取丹心照汗青。"这些激情澎湃的诗句以及这些爱国英雄的事迹从小便扎根于朱执信的心底。他日后不畏牺牲，一心为国的动人品质不得不说归功于母亲的教导。父亲朱启连十分严格，对儿子提出了"学必贯古今"、"要以实学为务"的要求。朱启连经常和朱执信品评时政，从中国古代的兴革利弊一直聊到当下的政治改良。这种学以致用的启蒙，让朱执信受益终生，也正是因此，朱执信才能在日后的革命中不断反思，将理论与实际相联系，成为一名与时俱进的思想家。

不仅是爱国，父母的一言一行都塑造着朱执信的优秀品德。朱启连鄙视科举考试中追逐名利的行为，在年轻的时候决意不参加科举。他常常对朱执信说："尔不患不成名，然当思名应与实称，不要如世俗之沽名钓誉而沾沾自喜为也！"在这样的言传身教下，朱执信和父亲一样，为了表示和科举决绝，在辛亥以前一直以"萧山人"自居，并始终没有参加过科举考试。参加革命后，朱执信作出的决策也总是不计个人得失，总是从大局出发。

1919年朱执信在《怀辛伯先生》的诗中，说："饮食与教诲，有逾父母恩。"朱执信的成长，离不开书香门第的教化。如果没有良好的家庭教育，历史上或许会少了一位朱执信这样的伟人。

胸存大志

荀子曰："笃志而体，君子也。"唯有意志坚定、并能付诸实践的人，才能称得上是君子。朱执信便是如此。

1895年，战败的清政府与日本签下了丧权辱国的《马关条约》。消息传来，朱启连怀着沉重的心情告诉朱执信战败的结果，年仅十岁的朱执信不禁放声大哭。看到此情此景，朱启连对夫人说："是儿年虽稚，有大志，他日际会风云，或能驰驱国事，期得一当也。"

振兴中华是朱执信儿时的梦想，也是他一生的使命。面对祖国内忧外患的困境，志存高远的朱执信并不将民族复兴当作一纸空谈，而是用实际行动去实现理想。

朱执信学习异常刻苦，面对中华民族所经受的种种苦难，他希望从书本中找到救国救民的良方。

1895年春天，康有为率梁启超等数千名在京赶考的举人联名上书光绪帝，反对在甲午战争中败于日本的清政府签订丧权辱国的《马关条约》，这一事件就是"公车①上书"。三年后，

---

① 公车：汉代负责接待臣民上书和征召的官署名，后也代指举人进京应试，也特指入京应试的人上书言事。

经过康有为、梁启超等人的不懈努力，光绪帝决意推行变法。然而，这次变法维持仅有百日，就被以慈禧为代表的守旧派击溃。在清廷对改良派的大清扫中，朱启连的好朋友杨锐不幸遇难，这更加深了此事件对朱启连父子内心的冲击。谈至国事，朱执信慷慨激昂地对父亲说："朝政腐败如此，何以立国，非痛下决心，大刀阔斧，力加改革，不足旋乾转坤。"为了寻找彻底改革的良方，少年朱执信以古为鉴，如饥似渴地阅读外祖父家浩如烟海的藏书。在历代改良派人物中，朱执信最欣赏的是王安石。弟弟朱秋如回忆道："先兄龄十余岁时，爱读王安石之文、且慕其高尚之节行。"朱执信自己后来也说过："异时对于王安石，当作精深之研究。"

然而残酷的现实熄灭了朱执信的改良梦。1900年，八国联军发动了侵华战争。列强蜂拥而上，对中国的蚕食已经达到了狂热的状态，清廷却一味妥协，生生双手捧上，将中华变为案板上的肉。看到清政府的昏愦无能，朱执信既感到不满，又感到绝望。1901年12月，悲愤之余，他写下《读辛幼安南渡录感叹题后》的文章，高度赞扬了辛弃疾的爱国思想，并痛批了宋高宗偏安江南的行为，告诫人们要吸取宋亡的教训，不改变现状，中华民族只会在被压迫中灭亡！

朱执信深深地感到，要挽救中国，不能仅将目光局限在传统国学，唯有借鉴西方，将眼光放向世界，拿起新思想的武器才能给中国来一次大换血。出于这样的考虑，朱执信决定去新

晚清中国时局图晚清中国时局图

式学堂学习。

　　1902年，广州士绅丁仁长、吴道镕和汪兆铨在广州创办了一所新式学校——教忠学堂。朱执信应考中式，成为该校的首届学生。在这所"中学为体，西学为用"的新式学堂里，朱执信接受了综合的教育。除了主攻国学，他还兼习英语、日语、物理、化学等新学科。在名师丁仁长、潘应祺、罗汝楠、梁冠林、林祖蔚、叶楚白等人的教导下，朱执信的学业大有长进。朱执信学习异常刻苦，从前跟随舅母学习数学的时候，朱执信都是非至四更不能就寝，来到新式学堂，他更珍惜这个学习机会。为了理想而奋斗，朱执信一开始学习便不知白天黑夜，然

1902年，朱执信等人在广州组织群智社，探讨社会新思潮。图为1904年群智社同人合影，后排左一为古应芬，左二为朱执信，左三为汪兆铭

而他甘之如饴。在他的努力下，朱执信的文章不仅常常"贴堂"示为范文，而且每次考试成绩均名列前茅。

在追逐梦想的道路上，朱执信并不是一个"书呆子"，而是学以致用，努力将所学运用到实践中来。

在新式学堂的学习生活之余，朱执信还与古应芬、汪精卫等组织了一个旨在探求新知识的"群智社"。群智社以共同研讨新学，讲求新学为主旨。社里的同学会共同出资，购买一些新书杂志，并定期召开讨论会，针砭时弊，分享心得。群智社虽然只是一个学术小团体，但是却为朱执信打开了资产阶级思想启蒙的大门。读到达尔文的《物种起源》和严复翻译的《天演论》后，朱执信深为"物竞天择，适者生存"理论所震撼，这种社会达尔文主义更激起他救亡图存的迫切感。读到亚当·斯密的《原富》，朱执信认识到经济是立国之本，经济的强弱实为国家强弱的标志。读到卢梭的《民约论》和孟德斯鸠的《万法精神》时，朱执信对天赋人权、自由、平等、博爱等学说有了初步的认识。读到《新民丛报》时，朱执信立即被梁启超的文章所吸引，他明白了要救国，就必须启迪国人的思想。读到《浙江潮》等革命派创办的杂志后，朱执信有感于革命者无情攻击和鞭笞清政府的专论，更加痛恨清王朝，从此坚定了武装反清，革命救国的决心。

除了参加学生社团，朱执信还积极地参与到学潮中来。一些学生不满当局重视中学、轻视西学的主张，时常在教忠学堂内部发生冲突事件。而学堂教员殴打学生的事件，则成为了学潮的导火索。尖锐的矛盾冲突下，学生们愤而罢课，但最终被当局镇压。面对学潮的失败，朱执信十分不满。他认为，学堂名实不符，学堂的措施束缚了学生的进步，不待学期结束，他便选择自动离开。退学后，朱执信一时难以找到合适的学校继续就读，便与汪精卫、胡汉民等一起在家中自学，购买和研读新学书籍，讨论时政。

无论是学习上的刻苦，还是实践上的奋斗，朱执信一步一个脚印地向梦想之地靠拢。紧密地扎根于现实，朱执信渐渐接受了资产阶级革命思想的洗礼，他逐渐醒悟到，反帝反封建，吸收西方民主共和的精华，才能实现复兴中华的理想。由此，他开始考虑将前进的脚步迈出国门。

东渡日本留学

日本是近代兴起的一个列强。19世纪60年代，日本天皇进行明治维新。同是学习西方，日本的改革却比中国卓有成效得多，短短二三十年间，日本便雄霸亚洲。日本的成功让无数中国志士仁人决心东渡留学，并希望能在这个岛国中找到治国的良方。另一方面，由于日本受过中国文化熏陶，又曾经和中国同处在被侵略的地位，这让中国人在学习日本的时候感到更加容易，更有借鉴性。再加之日本地理上离中国较近，出国费用会比较便宜，种种考虑使日本成为许多人留学的理想选择。

1904年，两广总督岑春煊实施新政。奖励留学，在两百多名广东应考学生中，录取了四十一名官费学生赴日学习法政。在这批公派留学生中，朱执信年龄最小，名次却位居榜首。此前，他已经通过了京师大学堂预科班的考试，不过在慎重考虑后，朱执信还是决定留学日本。

同年，朱执信登上了开往日本的轮船。一同前往的还有在教忠学堂便熟识的伙伴胡汉民、汪兆铭。那时，这三个人或许不会知道，不久之后，他们都将成为时代的弄潮儿，成为中国近代史上大名鼎鼎的人物。

赴日留学的学生中，总有一些人是意志不坚定者，渐渐把留学的初衷抛到脑后。鲁迅先生在回忆起自己的留学时光也写道："到了傍晚，有一间的地板便常不免要咚咚咚地响得震天，兼以满房烟尘斗乱；问问精通时事的人，答道，'那是在学跳舞。'"学生们家庭背景不同，思想不同，将"赴日留学"变成"赴日游玩"的人经常出现也不算奇怪。然而，不管别人如何，朱执信却一时一刻也没有忘了自己的祖国，学成归来为祖国贡献力量才是他最终的目的。

在东京法政大学附设的法政速成科的学习中，朱执信展现出自身惊人的才华。朱执信自幼便痴迷数学，来到日本，他又阅读了许多西洋著名数学家的著作，更涉猎了诸多像天文学、力学那样的理科著作。朱执信虽然主攻政法，但他的数学水平却让数学系的同学自愧不如。有些题目数学系同学做不出的，朱执信稍作思考，提笔就来。在数学上的天分让朱执信在修习法律的同时，又修了经济科的专业。在别人修习一科都感到吃力的状态下，朱执信居然门门名列前茅，这样优异的成绩连校长都为之惊叹。

日俄战争的爆发让朱执信更深刻地认识到努力学习的重要性。1904年，日本和俄国争夺中国东北，战争爆发。两个帝国主义列强争抢中国的领土，结果还让中国赔偿，在强烈的屈辱感下，朱执信看清了清政府作为帝国主义走狗的本质，决心"收复故土，排满兴汉"。朱执信明白，要推翻清政府的统治，必须有真才实学，而不能空谈，革命需要知识，建设更加需要知识。朱执信学习并不只依靠聪明与天分，他明白只有接受辛勤汗水的浇灌，才能取得辉煌的成就。经过废寝忘食的学习，朱执信成为大学中名副其实的"学神"，同学们都"叹其敏捷""惊其造诣之深"。生活方面，朱执信节衣缩食，每天吃的饭只有简简单单的白米饭配酶菜，但只要是在买书上面花钱，他眼都不眨一下。为了更好地学习，朱执信还特地钻研了日语和英语。语言是一门工具类的学科，要想真正学到日本和西方资产阶级的社会政治学及其他建国的知识，就必须熟练运用外语。朱执信深知，虽然可以阅读已经译成中文的书籍，但是一来这些书籍数量稀少，二来翻译作为一种再创造，多多少少会和原文有些出入，所以要学到西方学说的精髓，还是要读原著。最终，经过一番努力，朱执信攻克了语言大关。

留日期间，朱执信学到了许多本领。这些学术上的积淀，为他日后阐发孙中山"三民主义"提供了坚实的理论基础。可是，此时的朱执信也仅是意识到要推翻清王朝，至于推倒后应该怎样去建设，他仍旧迷茫。答案究竟是什么？如何做才能让中国真正富强起来？充盈着无限可能的未来仍需要朱执信不断去探索。

第二章　初露锋芒

追随孙中山

　　如果要追溯中国近代革命的发源地，我们无论如何也无法忽视日本。这个与中国一衣带水的岛国，是人们向西方学习的窗口，也是酝酿革命的风暴中心。20世纪初的日本，正值改革，社会环境比较宽松，开放的风气刮起一阵阵新思想的浪潮。与之形成强烈对比的是，清政府仍故步自封，腐败不堪，日俄战争中卖国的表现寒了多少人的心！望着这如风中枯叶般摇摇欲坠的大清王朝，许多人仍被旧思想禁锢，妄图将这个苟延残喘的王朝延续下去。以康有为、梁启超为代表的保皇党仍极力鼓吹君主立宪，梁启超以《清议报》《新民丛报》为阵地，与革命者争执不下。但是，时代的洪流不会更改，历史的走向注定属于革命者！日本，在它平静的外表下，正悄悄涌聚起一股革命势力，只等待一个导火索引燃！被卷入这股革命大潮里的朱执信，他的东渡留学的日子注定不会平静。是时代，让日本成为许多人命运转折之地。是时代，让朱执信与一批志趣相投的革命者在风云际会的年代里相遇，携手点燃一簇簇革命圣火。

万事俱备，只欠东风。无数志士仁人已经准备好投身革命，只等一个机遇将他们凝聚起来。朱执信留学的第二年，东京来了一个人。这个中国革命的灵魂人物将点燃这簇亟待燃起的革命烈火，照亮当时整片中华大地。这个人，就是孙中山。

孙中山，原名孙文，号逸仙，是中国伟大的民主革命先行者。早在1894年，孙中山就创立了兴中会，立志进行民主革命。为了躲避清政府的追捕与打压，孙中山不得已逃往国外，一方面在国外培养革命势力，另一方面时刻关注国内的动态。孙中山在国内策划了多起革命事件，但终究因为势力弱小连续遭到失败。不过，随着时间的推移，清政府的统治愈来愈让人感到不满，它的顽固不化更让无数人对改良丧失了信心，革命的呼声开始一浪高过一浪。考虑到时机已经成熟，孙中山感到有必要将中国的革命势力凝聚起来，与封建力量做殊死较量。1905年，孙中山来到日本东京，开始着手做建立革命政党的工作。

7月份，孙中山抵达东京，邀请兴中会、华兴会和其他一些革命团体召开中国同盟会的筹备会议。朱执信初到日本时，已经听说过孙中山的鼎鼎大名，虽未见过其本人，但已对其勇气与魄力深深折服。因此，孙中山一来到东京，朱执信便迫不及待地去见了这位他心中的偶像。

当年孙中山与朱执信等人的见面状况，有冯自由的回忆为证："1905年7月，孙中山总理从欧洲来到日本，召集各省同志发起建立中国同盟会。开会的第一天，胡毅生预先得到通知，由他领到会之同乡学生，有汪兆铭、朱大符、张树枏、古应芬、李文范、金章、杜之秋、姚礼修、张树棠等九人，这些都是广东省的速成法政生。"朱大符就是朱执信。

共同的救国理想，共同的革命信念……这次的会面，让朱执信对孙中山萌发出一种相见恨晚的感觉。在参加完7月份的筹备会议后，紧接着，8月20日，朱执信又参加了中国同盟会的成立大会。在大会上，孙中山被推举为中国同盟会总理，朱执信则被选为评议部评议员兼书记。从这一刻起，朱执信革命的大门终于敞开，他将在以身许国、不断奋斗的道路上勇往直前。

中国同盟会是中国历史上第一个资产阶级革命政党，它的成立无疑有着重要意义。加入中国同盟会的朱执信，终于有了自己的政党、自己的组织，在孙中山的感召下，更是有了自己的信仰。

同一年11月26日，中国同盟会的机关报《民报》创刊，孙中山在发刊词中第一次将同盟会的主张概括为民族主义、民权主义、民生主义。"三民主义"是孙中山民主革命的纲领思想，也是朱执信一生的信仰。胡汉民评价朱执信是"最忠于主义的人"，由此可以窥见其一生对主义之忠贞。

追随孙中山、加入中国同盟会是朱执信生命的转折点，它是朱执信踏上革命征程的标志。而三民主义的提出，则让朱执信看到了未来中国建设方向，为此他将终身奋斗，为建设理想中的新中国而努力。

论战争鸣

"厚积薄发"这个词用在朱执信身上可谓是十分贴切。

十几年的寒窗苦读，朱执信已经积累了大量的理论知识，一旦时机到来，他就会在一片更广阔的天空中崭露头角。

朱执信初次成名，始于一场论战。

在革命呼声渐渐高涨的时候，改良派也在和革命派殊死相搏。康有为撰文攻击革命派，宣称"革命"只会造成更恶劣的结果，到时候不仅会"天下大乱"，更会"亡国灭种"。梁启超以《新民丛报》为阵地，宣称自己"保皇"的行为才是真正的"革命"。革命派听到这样的观点自然要口诛笔伐，对改良派加以针锋相对的批驳。可以看出来，改良派和革命派可谓是水火不容，双方唇枪舌剑，"战场"上一片硝烟弥漫。然而，在这场论战争鸣中，朱执信用惊人的才华为革命派做了最有力的辩护，他不仅痛批了保皇党，更为革命理论的完善作出重大贡献。

孙中山手书"三民主义"

首先，朱执信指出"推翻清王朝"的必要性。

孙中山提出了"三民主义"，其中"民族主义"的口号是"驱逐鞑虏，恢复中华"，意思就是说要推翻满族清王朝的统治，建立汉人政权。拥护三民主义的朱执信，对民族主义做了进一步解释。

朱执信从历史出发，列举满族清王朝实行民族压迫的事实，并指出从清王朝建立伊始，反清的斗争就从未间断。在反清斗争上，朱执信赞扬了太平天国运动，对它反清作了充分肯定。在朱执信眼中，清政府就是中国的"附疽""害马"，它奴役压迫人民，与人民成水火不容之势，只有推翻清王朝，除去害群之马，才能拯救垂危的中国。

针对改良党的辩护，朱执信又尖锐地指出清政府所谓的"立宪"不过是个骗局。清政府整天说要改良，要准备实行君主立宪，实际上不过是愚弄大众，维护其反动统治才是"立宪"的真实目的。清政府打出"立宪"的招牌，不过是给大众许诺一个空名，缓和一下尖锐的局势，真正的大权还在封建统治者手中。因此，我们不能对清政府抱有希望。

朱执信还指明，"革命"是"共和"的前提，唯有暴力推翻清王朝，才能实现民主共和。在这一点上，朱执信充分分析了中国和日本的国情，在比较中，他认为，君主立宪在中国是行不通的，通过革命手段推翻清王朝，建立民主共和国才能让中国富强起来。此外，朱执信还对清政府的软弱进行痛批。在帝国主义面前，清政府一味臣服，几乎成为帝国主义的走狗，只知"内乱"，不知"外患"。所以，中国要想独立，要想不在帝国主义的摆布之下，就必须建立新的政权，建立民主共和的独立新国家与帝国主义对抗。总之，想要恢复中华，实现共和，革命是必经之路。

其次，朱执信还对革命派的一些观点进行补充和发展。

朱执信支持孙中山"社会革命与政治革命并行"的主张。

什么是"社会革命"和"政治革命"呢？孙中山的三民主义中，"政治革命"对应"民权主义"，"社会革命"对应"民生主义"。进行政治革命，就是建立与封建主义完全不同的民主共和政体，只有"共和"实现了，人民才能真正当家做主。进行社会革命，就是解决土地与资本问题，这样人民才能过上好日子。那么，如何解决"土地——资本"这对中国千年来一直存在的矛盾问题呢？孙中山提出的解决途径是"核定地价、照价纳税、照价收买、涨价归公"。举个例子，假如你有一块地，当民主共和国成立时，将会有人来核定你这块地值多少钱，然后你照常交税。不过随着时间的推移，工商业会不断的发展，一些炒作地价的情况也会出现，房价会不断增长。这时候，你要是想卖这块地的时候，你只能拿几年前核定地价时的钱，房价涨出来的钱会归国家所有。孙中山提出这样平均地权的社会革命，将地价暴涨的财富收归全体国民所有，对平均社会财富，防止土地投机，保障民生国计起着重大的作用。

朱执信深谙政治经济学说，极力主张经济变革。从中国来讲，中国的农民革命，无不是因土地而引起。放任土地私有，渐渐地就会陷入贫者越贫、富者越富的怪圈，直到大部分人经济困难，最终爆发革命。"土地——资本"这对矛盾不仅限于中国本土。从西方来看，放任私有制也使贫富差距不断拉大，社会革命此起彼伏。因此，要让社会稳定，就不得不对自由竞争的私有财产机制作出变革。

进行社会革命，为什么又必须和政治革命并举呢？朱执信认为，如果仅进行政治革命，不进行社会革命的话，总有一天，贫富差距越拉越大，最终政权会落入豪右①之手，民主政治革命的成果最终会毁于一旦。另一方面，如果仅进行社会革命，不进行政治革命的话，只能缓和一时的民生问题，专制统治的根本问题并没有触及。

当然，朱执信虽然做出了许多理论贡献，但是仍存在一定局限性。朱执信的一些观点十分偏激，比如他认为满汉民族对立，中国只能是汉族人的，只有同一民族，才能同心同德地去实施民主政治，这些观点就犯了狭隘的民族主义的错误。不过尽管如此，作为论战主力军的朱执信已经充分展现了他的实力，日后他也会在实践中不断检验、完善自己的理论。

介绍马克思主义

除了与改良派的论战，这一时期的朱执信还对马克思主义的学说进行了介绍。由于朱执信对马克思主义的研究非常详细，他甚至获得了"同盟会中真正研究马克思主义的人""共产党人之前介绍马克思主义的代表性人物"的美誉。

朱执信又是怎样与马克思主义结缘的呢？

首先，接触马克思主义，与朱执信心系民众的思想特点有

---

① 豪右：原指西汉时期出现的占有大量田产的豪族。他们因占有大量的田产，在乡里横行霸道，虽屡遭压制而不禁。现泛指拥有大量土地的豪族。

关。朱执信提倡"贫民革命",认为今后的革命应该依靠贫民大众,在群众之中革命,这样的观点无疑是有远瞻性的。虽然同是革命派,内部分歧却很大。有些人认为革命只能依靠少数精英,他们诋毁广大劳动人民为一群暴民,认为依靠群众革命,情势将无法掌控。但是,回顾历史,我们会发现,资产阶级革命失败的关键原因之一就是脱离群众。朱执信在这个时候提出依靠贫民革命,希望劳动人民代表进入到议会之中,让贫民代表来为中国大部分人争取利益,无疑展现出朱执信关心民众的平民思想。此外,他推崇的社会革命等主张,无不展现他亲民的一面。持这样思想的朱执信,遇到代表广大劳动人民利益的马克思主义学说,必然会擦出一些火花。

其次,朱执信宣传马克思主义还与当时的时代背景有关。1848年,随着《共产党宣言》的发表,伟大的无产阶级学说——马克思主义自此诞生。这个新生的学说,犹如一道惊雷震惊了世界,从此无产阶级以它为思想武器,将无产阶级革命推到一个新高度。在马克思主义的传播中,1898年在上海出版的《泰西民法志》最早介绍了马克思主义。随着中国国情不断严峻,有识之士在不断寻求救国良方的同时,把马克思主义也引进到国内。20世纪初,接触到马克思主义的人逐渐多了起来,报刊上也渐渐出现了介绍马克思主义的文章。朱执信就是在这样的时代浪潮下接触到马克思主义的。

从1905年11月到1906年6月,朱执信着重对马克思主义进行宣传。在《民报》的第二、三、五号上，朱执信接连发表了《德意志社会革命家列传》《论社会革命当与政治革命并行》等文，他不仅介绍了马克思、恩格斯的革命活动，还翻译了《共产党宣言》十大纲领、《剩余价值论》和《资本论》的有关内容。

《德意志社会革命家列传》，共约有一万余字，其中《绪言》部分有千余字，简要概括了写作目的；《马克思》部分约七千字。详细介绍了马克思、恩格斯的生平事迹及其学说，强调了马克思和恩格斯在国际共产主义运动中的重要地位和作用；《拉萨尔》部分约八千字，描述了拉萨尔①一生的活动及其思想。

但是，值得注意的是，朱执信的译介也有美中不足之处。比如，在对马克思、恩格斯的生平及其学说的一些基本原理介绍中，由于为了客观性，对马、恩的思想评判略显不足，缺少明显的倾向性。再比如，拉萨尔的思想属于机会主义、改良主义，与马克思、恩格斯的学说具有本质的不同，朱执信没有指出两者的不同，可见其对马克思主义学说的理解还是不够深刻。不过刨去这些小瑕疵，我们仍要肯定朱执信此举的功绩。毛泽东曾说"以前有人如梁启超、朱执信，也曾提过一下马克

---

① 拉萨尔：德国早期工人运动活动家。

思主义……朱执信是国民党员，这样看来，讲马克思主义倒还是国民党在先"，毛泽东称赞朱执信是"马克思主义在中国传播的拓荒者"。正是有了朱执信这样的"拓荒者"，马克思主义在中国的传播才有了重要的基础。

组织学会

中国同盟会成立后，留日学生的革命情绪不断高涨。感觉到自己的统治地位岌岌可危，清政府决定采取措施压制这股革命势力。经清政府要求，1905年11月2日，日本文部省颁布《关于清国人入学之公私立学校之规则》，其中规定了各项限制留学生言行的准则。

《规则》一出，留学生们一片哗然。11月27日，留学生们联合上书清政府驻日公使，强烈要求取消《规则》。12月4日，宋教仁等人联合各校代表组成留日学生代表会，发表自治规则，维持学界秩序。从12月6日开始，日本高校进行罢课运动以示不满，朱执信就读的东京法政大学也在罢课学校之列。

罢课运动已经让留学生与清政府的矛盾进一步激化，不久，一个更加严重的事件使两者间的冲突更加尖锐。

这个严重的事件就是陈天华自杀事件。在留学生们群情激奋的时候，许多日本报纸嘲讽留学生的爱国行为，更糟的是，留学生内部也发生了分歧：一小部分留学生仍支持保清。愤慨于这样的情势，爱国学生陈天华决定以死明志。12月8日，陈天华来到在日本东京大森海湾，纵身一跳，投进大海，希望用自己的死来启发留日学生的觉醒。

消息传出，群情激愤，两千多名留日学生相继罢课准备回国。但朱执信不赞同留学生罢课回国的行动，认为此事为学界问题而非国体问题，是事理之争而不是感情之争，不应该全部回国。学生们应该忍辱负重，以求学为重，不能轻言返国。在朱执信的主持下，一部分留学生打消了回国的念头，留了下来。12月24日，朱执信、胡汉民、汪精卫等又成立了留日学生团体"维持留日学界同志会"。学会以反对集体归国、维持学界秩序为宗旨，并选出朱执信担任书记。

在朱执信的主持下，留日学生团结起来，共同商量对策。远在海外的孙中山得知此消息，怕归国学生会被清政府逮捕，发来电报指示学生不要归国。再加上日本学校对学生返校的劝说，最终留学生们决定回校，而日本文部省也作出妥协，对外宣称暂缓执行《准则》，实际上也就相当于是取缔《准则》了。这个事件可以说是以留学生的胜利圆满结束了，而朱执信也在此事件中，凭借自己过人的胆识，再一次展现了自己的领导才能。

第三章 扎根广州

归国教书

从年少苦读，到青年投身革命，再到在革命者中崭露头角，朱执信逐渐成为革命骨干力量。汉代司马迁有句名言："常思奋不顾身，而殉国家之急。"朱执信也是这样一位为了祖国奋不顾身的人物。看到在被帝国主义列强侵略的祖国，他心痛；看到腐败不堪的清政府，他愤怒；看到处在水深火热中的人民大众，他怜悯。怀着一颗心系天下之心，朱执信朝着理想坚定地迈进。

鲁迅先生曾说过："中国惟有国魂是最可贵的。惟有他发扬起来，中国人才真有进步。"这"国魂"指的就是爱国精神。在关系到民族存亡的危急时刻，大部分民众还没有被启蒙，麻木不仁是他们的常态。在这样的对比下，少部分人的爱国精神更显得弥足珍贵，而未来中国的大势，也将在这些爱国人士手中改变。身在日本的朱执信，已经在论战中积累了一定的思想素养，有着自己的观点和追求。此外，在留日学界同志会的磨炼，也让他通过学生运动，在实践中牛刀小试了一把。随着时间的推移，学成归来的朱执信，将在中国这片更广袤的土地上大显身手！

那时的中国是什么样的呢？1900年到1911年之间，发生了八国联军侵华战争，这场战争，从根本上彻底压垮了中国：亏空的国库不可能偿还的巨额赔款使中国民生凋敝；侵略者对国宝的随意破坏和疯狂掠夺给中国带来了无法平复的文化创痛；多项国家主权的丧失标志着清政府已经完全沦为了帝国主义列强统治中国民众的工具。我们不能忽视八国联军侵华战争，这个战争是一个拐点，它让很多中国人对清政府彻底失望，从此投向革命。在这场战争结束以后，清政府似乎也感到自己的统治难以服众，便稍微作出了一些整改措施，例如允许满汉通婚，废除科举制等。然而，清政府作出的这些努力无疑太过微小。面对大量涌入的西方新事物，危急的中国国情，日新月异的国内外情势，古板保守的清政府作出的改变实在是太微不足道了！不能等，一刻也不能等，中国必须要从根本上改变，否则面临的就是亡国灭种的危险！以孙中山为代表的革命党人在20世纪初也不断积蓄着力量，准备对清政府做出致命的一击！

1907年1月，孙中山决定率领日本留学生回国，密谋进行武装起义。其实早在1906年，孙中山就已经开始着手策划武装起义，不仅派过一些学生回国筹划，还给予了大量的经费。可以看到，这次的回国已经经过了长期的计划，只待成功在此一役。学成后的朱执信，也在这次跟随着孙中山回到了祖国。不过，值得一提的是，这次的回国，还发生了一段有趣的小插曲。

按照清政府当时的规定，归国学生必须要留长辫，没有蓄发辫就不能进入内地。朱执信在很多事情上都显露出高瞻远瞩的一面，在剪发上也是。在日本留学期间，朱执信坚持不剪掉自己的辫子，而同学胡汉民、汪精卫等人早就换成了短发，托着长长"猪尾巴"的朱执信自然时不时地就会受到同学们的嘲笑。身为朱执信的好友，胡汉民和汪精卫共同劝说朱执信剪掉辫子，不料朱执信突然拔出小刀，说"谁再劝我剪辫子，我就和谁拼命"，友人们忍俊不禁，这才作罢。如今，胡汉民和汪精卫已经剪去了辫子，无法跟随孙中山回国，只能被安排到南洋一带从事革命活动。这时候再看看朱执信，剪去辫子的人一方面暗暗佩服朱执信的眼光，一方面只能无奈地望"辫"兴叹了。

靠着一根辫子，朱执信顺利地通过海关，回到家乡广州。

广东高等学堂和广东法政学堂，是清末"新政"的产物，学生多为本省官吏、各府州县保送的绅士。夏同龢，字季平，号用清，又自号狮山山人，是贵州麻哈州人。1893年他高中状元，授翰林院修撰；1906年，受派赴日学习工业和经济；回国后，任法政学堂监督。因为夏同龢有海外留学经历，同时又想要提高学堂的声望，所以他就有意邀请一些留日学生来任教。在夏同龢的张罗下，朱执信、古应芬、李文范、叶夏声、张树枬等人相继被聘为法政学堂教员。不久，朱执信又被聘为广东高等学堂教员。从此，朱执信就开始了在广东教书育人的日子。

夏同龢行书七言联

法政学堂开设的班级有：初级法律本科一班，法律速成科二班，政治本科一班，理财本科二班、预科四班。朱执信作为教员，主要负责《应用经济学》《中国财政史》课程的讲解。朱执信做学生时就勤奋刻苦，当上老师后更是兢兢业业。他上课讲解详细，内容丰富，条理清晰，是学生们公认的好老师。更令人称道的是，在教书的同时，他还出版了《中国财政史》一书，从而有了一定的学术成果。就是这样一位深受同学们喜爱的老师，暗中却从事着革命的活动。

　　如果能坐上历史的时光机，回到百年前朱执信执教的现场，我们大概会想：这个托着长长辫子，穿着父亲遗留下来的旧式衣服的人，一定是一位保皇党的顽固派。然而，请不要被表象所迷惑。朱执信装扮成一位顽固派，只是为了不引起清政府的注意，从而能暗中从事革命活动并不被当局怀疑。所以，朱执信是名为教书，实为革命。

　　朱执信在广州主要负责革命党人的联络和组织工作。他暗中宣传革命思想，奔走于会党、新军之中，有时甚至只身潜入清朝新军中，向下级官兵宣传革命，吸收他们加入同盟会，以为起义时内应之助。1907年冬，朱执信和表妹杨道仪结婚。婚后，他两人迁出汪氏随山馆，到豪贤街汪宅的右邻另租屋居住。这个新居，也顺理成章地成为了同盟会会员的重要联络据点之一。除了以住宅当据点，朱执信的执教的地方——广东高等学堂和法政学堂也是革命党人经常联络的地点。回到广东地区的同盟会会员，一般都会到朱执信处报到，朱执信也会相应地给他们分配革命工作。例如1907年姚雨平回到广州，在朱执信等人的安排下，便开始负责联络松口体育会学生的工作，并协助正在策划中的树口起义。

朱执信写给妻子的明信片

学生，是中国革新的重要力量。中国的建设不仅要靠经验丰富的前辈，更靠勇于接受新思想的年轻人，抓住了学生群体，通过教育改变学生的思想，中国的未来就抓住了一半。朱执信作为教员，学生资源非常丰厚。于是，他充分利用学校资源，向学生们宣传革命，培养新一代的革命人才。

在课堂上，朱执信历数清政府的种种罪行，并向学生传播西方资产阶级民主政治学说。在朱执信的宣传下，一些学生接受了革命思想，渐渐与朱执信交往密切起来，并最终加入革命党人的队伍，广东法政学堂学生陈炯明、邹鲁就在此之列。1908年，邹鲁参加了广州起义，而陈炯明则于1909年由朱执信秘密介绍到香港加入同盟会。

朱执信能深受学生的爱戴，让学生信赖，不仅在于他宣传得力，还在于他时刻为学生们考虑的领袖气质。关于这一点，这里还有一个小故事。

朱执信策划的广州起义流产之后，谭馥被捕。朱执信担心谭馥会供出对邹鲁不利的话，为了以防万一，就让邹鲁暂时不要来上学，暂时避一避风头。直到朱执信听说谭馥态度坚决，被判处死刑也坚决不供人的消息时，他才让邹鲁回来上课。正是朱执信做事小心谨慎，思虑周全，学生们才愿意围绕在这一领袖身边。

不过，这段教书的日子好景不长。1910年，朱执信因为宣传革命惨遭解职。但是，尽管如此，朱执信依然不放弃宣传革命的工作。紧接着，他又转到两广方言学堂①任教，继续过着表面教书，实则革命的生活。

在两广方言学堂，朱执信汲取了之前的经验教训，把革命活动做得比过去更好。当时与朱执信一起执教的张次溪，建国后曾经回忆道："两广方言学堂的学生，平时就熟闻民族、民权学说，朱执信又对此极力鼓励，加入中国同盟会的学生非常

---

① 两广方言学堂：最早的广东、广西外国语大学，是当时在广东及中国规模最大、设备最完善，影响深远的首创的外国语大学，培养了很多既精通外语，中文根底又深的高级人才。许多辛亥革命志士和先行者，如林公竞、朱执信以及共产主义先行者陈独秀都曾在这里当教员和学生。

多，并且都是通过朱执信的介绍。"可以看出来，朱执信的革命工作在学生当中做得非常深入。

为了避免清政府的监视，朱执信在广州下旗街设立了一个秘密机关。在空余，他便会在此召开会议，和革命同志一起策划斗争方案。有时候，为了讨论一个方案，朱执信开会甚至会到夜间四五更。本着这样极度忘我，不计个人利益的态度，朱执信在革命活动中的作风让周围人都无比钦佩。

1910年，朱执信以两广方言学堂的学生为掩护，以学校为中心，成立了攘夷排满的"尊孔会"。"尊孔会"以学生为主力军，打着研究和弘扬汉民族精神的旗号，宣传反清排满的"夷夏之辨"思想，推动了清末广东地区革命运动的开展。

归国教书的日子里，朱执信对革命运动的蓬勃发展起着巨大推动作用。朱执信是广东地区革命的重要纽带，他联络、团结着各方革命势力，并利用教务之便宣传革命，培养革命人才，如著名革命党人林云陔①就是朱执信的高足。朱执信能够作出巨大贡献与他个人忘我的品格是相关的。朱执信参加革命活动，曾遭受过舅父的坚决反对，但是尽管如此，他仍是抱着必死的信念，一心扑在了革命上。这种一心为国，奋斗不息的精

---

① 林云陔：（1883 — 1948），原名林公竞，字毅为。早年加入同盟会，参加辛亥革命，后留学美国。1920年后，历任孙中山大元帅府秘书，广州市市长，广东省政府主席兼财政厅厅长、建设厅厅长、国民政府监察院审计部部长、审计长等职。1948年10月病逝于广州。孙中山评价他："吾党革命德行之神圣"。

神可歌可泣。

推广革命

朱执信在广东教书，发动学生群体，虽然取得一定成果，但革命力量仍是弱小。真正让广东革命力量迅速壮大起来的，是朱执信做出的一件更重要的事——联络会党和新军。

什么是会党呢？"会党"这个名称，其实是资产阶级革命党人起的。所谓"会党"，是鸦片战争后通过民间秘密结社联系起来的有组织的群众队伍。会党以反清复明为宗旨，实行家长制领导，组织成员以破产农民、手工业者和游民无产者为主体，有很强的地方性。对待会党，孙中山采取团结的态度。孙中山认为，革命者的力量十分弱小，需要借助外力，而会党又与革命党人有共同的反清目标，所以相比于缙绅，革命党人应先从联络会党开始。黄兴对待会党也持相同的观点，认为："革命军发难，以军队与会党同时并举为上策。"革命党人贯彻了这样的方针，因此革命活动一直与会党密切相关。像兴中会在1895年发动的广州起义和1900年发动的惠州起义，主要依靠力量就是会党。自然而然，朱执信要开展革命活动，必然要想尽办法团结广州当地的会党势力。

朱执信非常重视在会党间的革命工作，为了鼓励会党参加革命，朱执信一次次奔赴南海、番禺、顺德各地，不辞辛劳。但会党毕竟还是一个地方组织，参与者基本上都是没受过高层次教育的绿林好汉，因此不免留有一些恶习。对待会党成员，朱执信并没有嫌弃，反而十分耐心地对他们进行教育和引导。在朱执信的宣传和感召下，会党成员与朱执信很快打成一片，大部分人都接受了同盟会的领导，不少首领还加入了同盟会。

有了会党的加入，朱执信发动武装革命有了根基。至辛亥广东光复前，朱执信发动会党参与了多次起义，包括：陆领等在顺德乐从墟起义，陆兰清等在南海县西樵乡和三水县交界处起义，李福林等在番禺县属的禺南、禺东、大塘乡一带起义、谭义在新会县天河乡和猪头山一带起义、林义顺等在香山县起义，陈炯明、王和顺等在东江惠州、海丰一带起义，黄明堂在钦州、防城一带起义。这些起义，虽然零星，却使清军"陆驶水逐，战不胜战，亦防不胜防"。

一次次起义，不屈不挠反复斗争的背后，无不都有朱执信的精密筹划。在1907年5月至1908年4月这一年时间里，广东会党共参加了同盟会策划六次武装起义：饶平冈起义、惠州七女湖起义、防城起义、钦州马笃山起义、广西镇南关起义、云南河口起义。这些起义虽然不是朱执信直接发动的，但是其中相当一部分会党都与朱执信有所联系，有的甚至相当密切。1910年发动的广州新军起义中，朱执信负责联络会党响应新军。在1911年著名的"三二九"黄花岗起义当中，朱执信与胡毅生等人加紧联络广州附近的会党，并且和南海、番禺两县的李福林、陆领连为一气，配合起义。在革命失败后，会党仍爆发小规模的暴动，大汉会举四处张贴布告，上书"国民军起，出师堂堂，建立民国，光复家邦，不设帝王"，不断宣传革命。在这些起义里，我们都能发现朱执信的身影。前人史料表明，广东会党部分都是由朱执信、胡毅生约期发动的。而到辛亥广州光复之际，朱执信联络的民军，共计不低于十万人。

由于广东会党革命活动十分频繁，清政府对会党重要人物开始进行通缉悬赏。这些被悬赏的人当中，仅朱执信联络的南海、番禺各属就有数十人。陆兰清被悬红1万元缉拿，李福林被悬红3千元缉拿，陆领被悬红6千元缉拿。这些钱意味着一个怎样的价格呢？在1901年，米价为每石4银元，折合2.2分钱1斤米，1块银元的价值基本上相当于现在人民币70元。这样算下来，清政府的悬赏委实丰厚。从悬赏的金额上，一方面我们能看到清政府对革命党人畏惧憎恨之深，另一方面也能看到会党对清政府的巨大冲击力。

不过，会党起义虽然让清政府头痛，但是革命党一直"屡战屡败，屡败屡战"也不是办法，能够从一次次失败中汲取教训才能推动革命活动进一步发展。基于此，革命党人开始自我反思，最终认为"举事来得快，失败也来得快"是因为发动的力量过于单一。因此，想要加强武装力量，不能仅仅发动会党，还应该打入军界。于是革命党人将目光锁定了"新军"。

新军，是中日甲午战争后清政府为加强军事力量成立的"习洋枪、学西法"的新式陆军。在组建和训练新兵的时候，一些开明的地方官员如张之洞等，注重招收有文化的青年入伍，并招收留学生担任军官。新军有了这些知识青年参与，与旧军的面貌完全不同，他们勇于接受不同的政见，并不一味地效忠皇帝。这些新面貌使得新军与革命党人有了联络的契机。另一方面，革命党人也决定改变政策，暗中向新军输送革命人才，一些革命人士弃笔从戎，在军队中大展拳脚。策动新军逐渐成为革命党人的重要任务，新军渐渐在革命党的起义中占据着关键性地位。

　　"非使军队反正，群力集结，固不足以制胡虏之死命"。从朱执信的这番话中，我们看到他对局势的判断：新军的力量是推翻清王朝的关键性力量，革命党人必须与之合作，否则革命将不可能取得胜利。朱执信的评价无疑和革命党内部的主流声音相吻合。

　　基于这样的认识，朱执信开始着手策动广州新军的工作。广东新军以"武备军"、"武匡军"为基础，建于1903年。同时，广州又先后成立了黄埔武备学堂和将弁学堂，以此作为培养新军军官的场所。看到学堂里的学生有着高涨的报国热情，革命党人决定将革命的种子撒向学生和军官。朱执信与张醁村、姚雨平等人首先从广东陆军速成学校入手，联络学生，不断动员学生们加入革命队伍。回忆起当年情况，张醁村说道：

"我们就从这些陆军中学和陆军小学同学中进行串联，搞了几个月，争取了百分之三四十以上的人参加了同盟会。"可以看出来，朱执信在新军学生中的策动活动卓有成效。

除了学生，朱执信还亲赴军营，向士兵和下级军官宣传革命。新军虽然比会党的素养要高一些，但是它并不像会党那样有明确的反清立场，若是贸然前往，很有可能会被告发。然而，为了革命事业，朱执信却毫不畏惧，冒着生命危险只身一人来到军营，策反新军。在军营中，他慷慨激昂地向新军灌输革命理想，引导着新军走向革命。当时新军加入同盟会的口号是"推翻清朝，建立民国"。这个口号一方面为策反的新军规定了明确的目标，另一方面也体现出同盟会的革命纲领。朱执信除了靠自身宣传，还与张谷山、张伯裔、姚方渝、张醵村、吴倚沧、邹鲁等人，各以同乡或同学关系，发展革命组织。多方努力之下，新军中很快布满了革命的种子。到了1909年冬，仅广州新军加入同盟会的就有3千人，超过了广东新军总人数的一半。

朱执信不仅努力让新军加入到革命队伍中，还注重加强对新军进行思想教育。

在前期，朱执信对新军都是地下宣传，然而随着革命势力在新军中的不断扩大，朱执信渐渐把革命活动转向半公开的形式。在周末，朱执信经常会邀请一些新军官兵参加集会，集会地点一般选在广州白云山附近。在集会上，朱执信对新军主要进行反清的宣传。鸦片战争、中法战争、山东黄河之战、八国联军进攻京津、火烧圆明园及扬州十日、嘉定三屠……朱执信一一列举这些事件，强烈谴责清政府的腐败无能、丧权辱国。朱执信本就怀揣一颗爱国之心，讲到这些惨痛史实时更是声泪俱下。朱执信演讲时的感染力，不在于他的口才，而在于他报效祖国的一腔真情，听他讲话的将士们无不感动落泪，甚至抱头痛哭。在朱执信的感召下，将士们的爱国热情被极大地激发起来，他们更加坚定决心，誓死推翻清政府，建立民国。

朱执信对新军的爱国主义教育不仅限于集会宣传，而体现在革命活动的每个小细节上。

下面就来举一个有意思的小例子。我们看电视剧的时候，经常会看到同志之间对暗号的镜头。这种情况在当时是真实存在的。朱执信策动的新军虽然加盟了革命，但是他们只有直属关系，没有横向的联系，很多成员之间都互不认识。这样一来，新军成员之间要见面，就必须要对暗号。朱执信作为领导人，为成员间定了一些暗号，这些暗号无不包含有浓浓的爱国情操。比如，如果想要证实对方是否为自己人，就可以拿几种众所周知的洋货责问对方，对方如果不加任何思索，一口咬定是中国做的，那么对方就是我方同志了，否则就不是同志，不能轻易交谈。这个暗号表明了朱执信对洋货的蔑视。再比如，两人见面，想要试探对方是否为同志，就在握手时将手轻轻作拉回状。如果对方是自己人，就会在此之际，用四指一屈，两手仍紧紧握住。这个暗号更是有着深刻的含义，"四指一曲"的动作暗示着"中国四万万同胞"。握手时做这个动作，不仅能够区分敌我，而且时刻提醒着同志们将"救国救民"放在心上。

朱执信还善于保存革命火种。作为革命者之间的重要联络人，朱执信一直保持着与香港同盟会南方支部的联系。在仔细商讨后，为了防止泄露秘密，朱执信决定将同盟会成员的名单转存到香港。姚雨平回忆道："我加入同盟会后，刚开始认识胡毅生、朱执信等人，并经由他们转介至香港，会见香港同盟会领袖胡汉民和许雪秋等人后，才正式开始接受同盟会的领导。"张醁村也回忆道："我和姚雨平在广州工作期间，经常与朱执信取得密切联系，军中的各同志的加盟名单都送到他家转存香港。"朱执信的策略使得同盟会成员的安全得到进一步保障，在朱执信联络新军、同盟会不断壮大的时候保存这些有生力量，对革命的开展做了有力保障。

朱执信在广州的努力使他成为这一地区革命的关键人物。想要闹革命的资产阶级，没有自己的军队，想要成功就必须依靠外力。在朱执信的联络下，会党和新军成为革命党人的忠实盟友，并在革命党人发动的各种起义中立下汗马功劳。

暗杀水师提督

暗杀，自古以来就是政治斗争的一种重要方式。翻开史书，"刺客"一直以来就在历史中扮演重要角色。司马迁在写作《史记》时，专门加入《刺客列传》。"夫专诸之刺王僚也，彗星袭月；聂政之刺韩傀也，白虹贯日；要离之刺庆忌也，仓鹰击于殿上。""此地别燕丹，壮士发冲冠。昔时人已没，今日水犹寒。"游侠刺客的精神在中国人的推崇下，渐渐融入民族性格当中。在我们要讲的这个年代里，自我牺牲的侠客精神在革命分子血液中更加骚动不安，暗杀也愈演愈盛。

暗杀活动又是怎样在革命党人中间兴起的呢？

首先是受西方思潮的影响。

二十世纪初，随着清政府统治渐失人心，各界有识之士都在为中国的发展找出路。留学生们远在海外，接触了许多新理论，其中影响极大的就有无政府主义和虚无主义。

无政府主义，又称安那其主义，是一种极端宣扬个人自由，主张无政府统治的主义。无政府主义反对政府以及社会、经济上的任何独裁，提倡建立无政府统治下的、人与人自愿结合的、互助、自治、反独裁主义的和谐社会。追溯历史，老庄构想中的无为而治的社会，就是较早的无政府主义社会模型。

虚无主义，以历史无规律性、历史无重演性、历史的不可预测、历史不可检验、历史没有意义为主要观点，认为"英雄造时势"，而非"时势造英雄"。

中国很多知识分子没有真正理解这两种思想，他们以为"无政府主义"就是推翻清政府，"虚无主义"就是要勇于牺牲，成为改写历史的英雄。但是尽管如此，这两种主义却成为革命派宣传革命思想的利器。在这样的思潮下，无数志士仁人不顾生命危险为革命抛头颅、洒热血，"暗杀"行为也渐渐活跃起来。

其次是出于革命党与清政府敌我势力对比的考虑。

暗杀，也是一种政治谋略。革命党势力弱小，与清政府对抗频频失败，采取暗杀的方式直接了结敌方首脑的性命，瘫痪对方指挥系统无疑是不错的选择。"羡暗杀手段，其法也简捷，而其收效也神速。以一爆裂弹，一手枪，一匕首，已足以走万乘君，破千金产，较之以军队革命之需用多、准备繁、不秘密、不的确者，不可同日而语。"孙中山、黄兴等都曾将暗杀作为重要的革命手段之一。1900年惠州起义的时候，孙中山就亲自派史坚如、邓荫南偕英国人摩根赴广州，组织起事及暗杀机关，以备策应。同盟会成立后，孙中山又命令孙毓筠回国，谋炸端方。孙中山还让洪门筹饷局"汇款万元与黄克强，为筹设暗杀机关经费"。黄兴也亲自参与了暗杀活动，他认为革命与暗杀二者应当相辅而行，唯有如此才能"收效至丰且速"。

广东是革命党人的重要阵地，身在广东的朱执信也参与到了暗杀活动中来。

李准，字志莱，四川人，是清朝广东水师提督。面对中国被侵略的现状，李准亦怀着强烈的爱国之心。在英国侵略者非法入侵中国南海时，他率官兵来到西沙群岛，鸣炮宣告西沙群岛为中国所有。李准所著的《广东水师国防要塞图说》，至今仍是中国政府用以证明其对东沙、西沙等海岛主权的重要文献。尽管李准作出过种种贡献，可是他却是一个实实在在的保皇党，他做的一切都是为了巩固清政府的统治。因此，虽然同怀一颗爱国之心，但由于政见的不同，李准极力打压革命党，镇压各处起义，而广东革命党人也将李准作为头号仇敌。1907年，革命党人刘思复决定暗杀李准，朱执信也参与到其中。

刘思复和朱执信一样，也有着留学日本的经历。早年，刘思复深受无政府主义影响，在日本的时候，就向无政府主义者学习过炸药的调配方法。了解到刘思复的这些背景，同盟会香港机关部于1907年6月做出暗杀李准的决定，并派刘思复担任此项任务的执行人。朱执信、张谷山、张树柟、胡毅生分别担任协助工作。

1907年，朱执信等人首先开始进行筹备工作。革命党人将豪贤街4号朱执信家作为密谋基地，对起义时间、地点及具体分工都作了详尽的安排。在这项活动中，朱执信和张树柟负责侦察李准的每日活动来往路线。然而，就在大家准备暗杀李准之时，一个响彻天际的爆炸声却打乱了革命党人原本的计划——刘思复在配置炸药时，发生了一个小意外，引起炸药爆炸。刘思复在受重伤的同时，也暴露了革命党人的踪迹。听到这一声巨响，巡警立即赶来，抓捕了刘思复和政法学堂的学生伍汉持等人。

面对警方的搜查，朱执信极力营救革命党人。其中，同盟会员张谷山逃到朱执信家，朱执信帮他刮掉胡子，更换衣服，乔装打扮逃到香港。紧接着，朱执信也来到香港，与香港的同盟会员一起商讨营救政策。经过讨论，朱执信和古应芬以法政教习身份联合具保。他们还怂恿校长夏同龢与巡警龚心湛沟通，最终伍汉持不久被释放。刘思复也在此案被监禁两年后获释。

暗杀虽然痛快淋漓，但是它自身的弊端也渐渐显现。随着革命党暗杀活动的频繁，清政府的防范逐渐加强。另一方面，暗杀就算是得手了也只是缓一时之急，想要真正推翻清政府，还是要靠军队的力量。

起义广州

历史，大约有着自己的内驱力。很多因素在不经意中渐渐滋生，仿佛酝酿一股"地火"，一旦积聚到一定时机，它就会突然间冲破风云，发出震撼人心的声响。

自从朱执信来到广州，我们就追随着朱执信的目光，看到了革命党人一次次不屈不挠的斗争。虽然这些活动都以失败告终了，但是历史有它的走向，经历过失败洗礼的革命党人，将越挫越勇，奋斗不息。

1908年11月14日，光绪帝驾崩，15日，慈禧在仪鸾殿去世。此消息一出，人人无不惊骇，封建势力也陷入短暂的群龙无首的境地。所谓机不可失，时不再来，面对这种人心动摇的局面，革命党人决心把握机会发动武装起义，推翻清王朝。

说到起义，广州一直是反清的重要战场。刚开始的时候，革命党人曾把目光放到中国西南边区。但是在1908年河口起义

邹鲁（1885—1954），原名邹澄生，广东省大埔县人，辛亥革命时期的政治家、教育家。1924年，任国立广东大学（现中山大学）首任校长

邹鲁《临汉孔庙置百石卒史碑》

失败后，革命党人认为在一时之间无法取得大的进展，就把注意力集中在广东。也就是在这个时候，朱执信在广州积极联系会党、新兵、学生，将革命事业越做越大。谭馥还在巡防营中设立"保亚会"，与邹鲁等革命党人相互联系、密谋革命。现在慈禧太后驾崩，革命党人要把握时机一举推翻清政府，广州更是自然而然地被推到风口浪尖上。

1908年，同盟会成员赵声、姚雨平、姚万瑜、邹鲁等人来到朱执信家，与朱执信共同商讨戊申起义事宜。经过讨论，决定将总机关设在广州清源巷，并计划在11月20日前发动起义，经费则由各人筹措。针对不能以新军发难，会党又四处分散不能短时间内齐集广州等客观条件，革命党人决定由邹鲁策动驻在广州城内观音山（今越秀山）及附近的巡防营作为骨干力量，姚万瑜协助此事。起义后，由赵声策动新军，朱执信集合会党响应，以趁清军不备之时即可一举夺下政权。

在这样的准备下，革命党人信心满满，然而不幸的是，意外终究还是发生了。前面我们讲到谭馥在巡防营中设立"保亚会"，而"保亚票"则是谭馥用来联络巡防营中哥老会①员的票，保亚票为长纸条的形状，四角绘有山堂香水及内外口号诗

---

① 哥老会：起源于四川和重庆，是近代中国活跃于长江流域，声势和影响都很大的一个民间秘密结社组织。哥老会在川军和湘军中影响巨大，对清朝末年的革命有着巨大的影响。

句。保亚票发给哥老会员，接收的哥老会员即视为加入同盟会，会员接到通知后，按指令行动。12月14日，同盟会员严国丰在分发"保亚票"时，不小心遗漏了一张，而此票更是在巧合中为广东水师提督李准亲兵所获。由此，事情败露，严国丰、谭馥、葛谦等革命党人不幸被捕，而他们也被当局残忍杀害。看到曾经的同志壮烈牺牲，朱执信在心痛的同时也决心将革命党这边的损伤降至最低。朱执信向各方准备举义及响应的士兵发出通知，按兵勿动，停止举义。另一方面，朱执信本人因有着发辫和教员身份打掩护，躲过了当局的搜查。

戊申起义虽然胎死腹中，但是革命党人吸取教训，准备再一次集中力量发动新军。

革命党人举行的七女湖起义、皖浙起义、河口起义……都失败了，踏着同志们的血迹，铭记沉痛的教训，革命党人总结出起义失败的共同原因：地方偏僻，交通不便；经费不足，不能久持；枪械缺少，力量不大；军事人才缺乏，筹划指挥无力。既然找出问题，那就要改进。新军在军营中受到过专业的训练，掌握新式武器，有一定作战技巧，逐渐进入到革命党人的视线中来。1908年后，新军逐渐成为革命党武装起义的主力军。

为了加强对新军的策动，1909年5月，孙中山委托胡汉民负责南洋党务，10月在香港建立同盟会南方支部作为领导、指挥南方革命的总机关。胡汉民担任支部长，下设军事、民军、宣传、筹饷四组，分别由洪承点、朱执信、胡毅生、林时塽、林直勉和莫纪彭等人负责。南方支部成立后，革命党人立即部署广州起义，决心从策反清政府自己的军队开始，武装推翻当局统治。

这次的起义，朱执信等广州革命元老仍是主力军，而令人高兴的是，广州地区还加入了一位新的重要人物——倪映典。倪映典，名端，字炳章，1904年考入安徽武备练兵学堂，毕业后任新军第九镇炮兵队官。虽然倪映典是部队军人出身，但是他却与革命党人交往甚密，并最终成为同盟会一员。1908年2月，倪映典因发动安庆新军起义未果，避难广东，受同盟会南方支部的委任，担任广州新军炮兵排长，负责运动新军，继续准备起义。在赵声的介绍下，倪映典与朱执信等人见了面，来往密切，共谋革命。倪映典虽然是从外地来的同志，但是他的能力却不输广州革命区的核心人物。在广州，倪映典一门心思都扑在运动军队上，他主持制订的《军事章程十条》，"专门运动省城新军水陆防营及各局所，以急进实行为目的"。此外，他还时常深入兵营，宣讲三民主义，从而被新军士兵们奉为"革命大帅"。胡汉民曾评价他"长于煽动，精力殊绝"，由此足见倪映典的巨大影响力。有这样对革命忠心、对事业热心、办事让人放心的人做队友，广州的革命力量又壮大了一分。

1909年6月至7月间，在同盟会南方支部的指导和支持下，朱执信、赵声、倪映典、张醁村、胡毅生、陈炯明、莫纪彭、黄侠毅等人在白云山召开了一次新军起义筹备会议。会议中，革命党人讨论了革命军律、抚恤规章等问题，并且决定以倪映典联络的新军作为起义的主力。张醁村联络巡防营，朱执信、胡毅生等联络各地会党配合响应，起义由赵声为总调度。对其他筹械、筹款、调查、通信等工作，会议上也分别作了具体安排。倪映典还发给每人盟票200张，分别进行。朱执信、倪映典、徐维扬等人是这次主持局面的核心人物，他们把起义机关设在广州天官里奋园巷5号，营中官兵放假的时候，就能来到这里进行碰面商讨革命。除了这一个总部，革命党人还以女会员或眷属为掩护，在广州雅荷塘、清水壕、小东门和大东门等处广布举事机关，扩大革命活动的范围。

在广州革命党人的积极策动下，起义的时机越来越成熟。到1909年底，仅赵声运动中加入同盟会的新军士兵和下级军官就有三千多人，超过了广州新军总数的一半。朱执信的运动下，南海、番禺、顺德等地的会党也都准备得当。参加革命的人数在不断增加，革命组织也在不断建立，同盟会南方支部决定抓住这个大好时机，着手策划起义的最后工作。经过商议，革命党人将起义时间定于庚戌正月元宵节后，即1910年2月24日后。起义之时，新军首先发难，各方随后响应。革命党人还对起义事项作出更细致的分工：邹鲁负责布置巡防营；朱执信与邹鲁、陈炯明、古应芬、胡毅生等分别联络广东省咨议员及学校报界人士，对起义进行声援；朱执信、胡毅生还担任会党的联络工作，在新军举义之时及时响应；姚雨平、林树巍、李济民、罗炽扬、苏慎初暗中联络陆军速成毕业队职官；徐维扬、杨凤歧等负责运动陆军干部士兵，做好应援准备。南方支部还向各位分发了倪映典此前所订的《军事章程十条》。此外，还请孙中山在美洲筹款接济。

或许是命运弄人，暗杀李准、戊申起义都是因为意外而失败，尽管这次庚戌起义中革命党人一再小心，意外居然还是发生了。就在起义的日子渐渐逼近的时候，新军的一张空白盟单不知怎么地丢失了，而盟单不幸被一排长所获，上交到本部。广东督练公所参议韩国钧以此下令，把所有发给士兵的和库存的子弹都上缴城内存放。至此，革命党人虽然没有受到清政府的围剿，但是行动终究暴露，活动受到极大限制。面对这样的情况，一方面因为革命党人不似当年那样力量弱小，另一方面大家又不想让这次长期谋划的起义前功尽弃，朱执信与众人商讨，决定改期发动起义。然而，意外一个接着一个。就在这一年的除夕，1910年2月9日中午，新军二标士兵因为定刻图章、名片逾期与承办人发生争执，警察上前干涉，互不相让，引起斗殴。冲突中，警察扣押了新军士兵，紧接着，事态一发不可收拾，闻讯前来支援的新军包围了警局，几百人在警局周围喧哗抗议，几次都要拥入警局当中，场面相当混乱。

新军还未起义，就已经与当局发生了激烈的摩擦，这种不可控的局面直接打乱了朱执信等人的原定计划。所谓计划不如变化快，既然矛盾已经尖锐成这样，不如一不做二不休，就地起义与清政府进行武装对抗。2月12日凌晨，闻讯后的倪映典迅速从香港抵达广州。事态紧急，他什么也顾不上，立即连夜来到朱执信家中，与他商讨对策。第二天，新军和巡警之间的冲突有扩大化的趋势。清政府采取行动，以"武力劝解"的名义对新军进行镇压。迫于无奈，倪映典来到广州燕塘炮兵排第一营，举枪击毙正在向士兵讲话的管带齐汝汉，带领士兵夺枪出营，宣布起义。步炮工辎七营共有三千余人，他们推举倪映典为司令，高声宣誓"愿为革命战死"。宣誓毕，倪映典率军分三路进发。刚开始的时候，新军出师还算顺利，击败了吴宗禹的防营。然而，义军在越过沙河一带的时候，受到了清政府的围剿。新军起义临时改期，而朱执信联络的会党，仍以为是在元宵节响应，因此没有支援新军作战，导致其孤立无援的局面。最终，孤军奋战的义军被清政府击溃，倪映典不幸中弹被俘牺牲。另一方面，会党在不知情的情况下于约定日期出动，遭到了惨败。面对起义的节节失败，朱执信被迫逃往香港。

在波澜壮阔的广州起义中，庚戌起义在轰轰烈烈中失败了。起义时间一连两次提前，不得不说造化弄人。但是，没有白流的血，也没有白白付出的牺牲，苦难会磨炼一个人，挫折也会使革命党人成长。庚戌起义虽然失败了，但这并不影响它在历史上的巨大作用。革命党人姚雨平后来回忆说："在新军起义前……革命党人只凭赤手空拳，充其量只凭民军、会党、绿林的一点力量，是无能为力的。新军起义后，观感为之一新，大大增强了革命的信心，加速了革命形势的发展。"孙中山当年也曾说道："吾党春初广州新军之失败，虽属不幸之事，然革命种子早已借此布满于南北军界。因新军中不乏深明世界潮流之同志，业极端赞成吾党之主义。在今日表面上视之，固为满廷之军队；若于实际察之，诚无异吾党之劲旅。一待时机成熟，当然倒戈相向，而为吾党尽力。"这次的起义，增强了革命党人开展武装斗争的信心，证明了大力发动新军，而且使之成为革命的一支重要武装力量，是大有可为的。不仅如此，这次的失败还为未来的革命提供了宝贵经验，革命党人由此明白起义的成功不仅要有好的军队，还要有好的指挥，两者缺一不可。更让人欣慰的是，这次起义对华侨影响极大，新军起义的失败没有挫伤爱国革命者的斗志，反而更加激起反抗的信念。此后，很多华侨都愿输财资助革命，基本上解决了当时革命活动的经费问题。可以这样下结论，庚戌首义是一次可贵的实践，它在历史中有着深远的影响。

庚戌起义十分宝贵，而朱执信作为庚戌起义的主要策划人之一，他的名字注定要被历史铭记。

论及朱执信当时对起义付出的心血，有其弟朱秩如的回忆为证：

先兄运动革命甚力，与同志聚商，常至五鼓而后归来，狂风怒号，冷雨侵骨之夜，家人尽睡，老仆妇独静坐而待，闻叩门三声，歇而复续者，则必先兄之归家也。前清宣统二年正月，广东新军之变，倪映典于十二月晦日，宿于兄之客厅。正月元旦，由吾家直赴新军起事，先兄自是日起，数日间行踪不明。

参加革命，朱执信是如何的忘我！不仅如此，朱执信参加起义，家人又会何等担心！但是，朱执信已经舍弃了自己的家庭，而把执着的理想与民族的利益看作最高的行动方向标。在庚戌起义中，他主动承担起繁重的工作。他经常来往于广东与香港两地，与香港同盟会互通消息。为了保护会员的安全，朱执信还将同盟会会员的登记名册带至香港南方支部保存。他作为革命的重要负责人和策划人，朱执信不仅在起义的机关部接待革命党人，还经常邀请革命党人来到自己家中，具体探讨起义事宜。除了同盟会的工作，朱执信还积极奔走在会党间，成功将南海、番禺、顺德等地的会党收编、策应。此外，朱执信派陆跃文联络地方民团，策动他们一起响应起义。经联络，民军首领李福林、陆领、陈兰清、黎广、谭义等人开始积极参与到革命起义中。

朱执信不仅在庚戌起义中起着重要的作用，他在起义失败后也作出巨大贡献。庚戌起义失败后，清军大肆通缉逮捕革命党人。当时，革命党人刚刚失败，受到了巨大的挫折，如果在失去领导人的情况下受到清政府的打压，广东地区的革命事业将陷入被动的局面。考虑到这个情况，尽管外面风头正紧，朱执信还是毫不犹豫地来到南海、番禺、顺德一带，亲自安顿了运动的会党。紧接着，朱执信又毫不畏惧地回到了广州，隐迹于两广方言学堂，继续以教习身份暗中策划革命。

虽然朱执信置生死于度外，回到广州，中间还是发生了一些小波折。

广州水师李准经多方探查，发现朱执信是策划者之一。这可不得了。眼看朱执信就有被捕的危险，所幸朱执信的舅父汪兆铨出面相救。汪兆铨在李准幕府充当总文案，而李准也很敬重他，因此经过汪兆铨的多方疏通，朱执信终究是有惊无险。

朱执信不是一个遇到困难就会退缩的人。在庚戌起义的风波过去后，朱执信又开始忙着筹划下一次的革命活动。虎门是重要的交通要塞，地形十分险要。朱执信返回广州后，亲自去虎门勘察地形，并画出相应的地图。我们相信，乘着历史的洪流，革命的滔天巨浪将在不远处掀起。

血染黄花岗

出师未捷身先死，长使英雄泪满襟。

这里，广州起义将走向最悲壮的阶段。黄花岗。七十二位烈士碎裂腐烂的遗骸被后人收敛于此。

听，激战的枪声正在响起，冲天的怒吼震彻天际，哪怕这些声响那样遥远，遥远得仿佛在迷雾的彼岸，我们仍能真切地感受到当时历史的心跳。

一如我们心跳的律动。

激动，而又沉痛。

1911年，革命党人在广州第三次与清政府正面交锋，这就是今人闻之泪尤潸然的黄花岗起义。这场起义场面十分惨烈，无数革命党人被残忍杀害，血肉模糊，尸横街头。朱执信作为广东地区的重要革命领导人，不仅参与策划了这场起义，甚至亲自参加到战斗中来，为革命血洒战场。从下级到上级，无不冲锋陷阵，足以看出这场起义是何等悲壮！就让我们倒回广州，倒回黄花岗，为这个壮烈的时刻静默哀悼。

在黄花岗起义之前，革命党人遭受节节失败。然而，孙中山并不气馁，他以敏锐的眼光指出："外而高丽既灭，满洲亦分，中国命运悬于一线；内而有钉门牌，收梁税，民心大变，时有反抗。吾等新军之运动，已普及于云南、广西、三江、两湖，时机已算成熟。"1910年11月中旬，孙中山约集黄兴、赵声、胡汉民在马来西亚槟榔屿举行会议，商议第三次举义广州。

吸取前面失败的经验教训，黄花岗起义的筹备工作更加细致。

革命党人在香港设立统筹部总揽一切，优先办理筹款、购械的相关事情。朱执信和往常一样，肩负着联络、通信、宣传和维系会党的职责，但这次他的工作做得更加充分。

在联络方面，朱执信与胡毅生、姚雨平、陈炯明等人经常出入广州，秘密从事联络工作。朱执信留着长长的发辫，有着学堂教员兼报馆主笔的工作。陈炯明是新当选的咨议会议员。两个人都有着完美的伪装，他们都是广州士林要人，新绅士的名流，很少有人会怀疑他们会秘密从事革命工作。因此，朱执信等人借助这样的身份，成功避过清政府的搜查，暗地联络了不少盟军。经朱执信联系，同意响应起义的会党领袖有：广东番禺的李福林、李雍、李湛、林驹、李伍平；南海的陆常、陆领、李锦、梁炳球；三水的陆兰清、陆福；顺德的谭义、郑江、张炳、黎义、陈林、刘世杰、吴培。除了这些地方，朱执信还在其他一些地方联络会党，如乐从等地。

在宣传方面，朱执信利用报纸，挑起舆论，推广革命。朱执信不仅是香港《中国日报》①的重要编辑，而且他还与邹鲁、马育航、叶夏声、陈达生、凌子云等编辑出版《可报》。《可报》于1911年3月30日发刊，是宣传革命的重要刊物。朱执信经

①《中国日报》：同盟会的机关报，主要栏目有论说、评论、国内新闻等，着重传播孙中山的纲领政策，宣扬资产阶级革命，抨击清政府的专制统治，同时也是与香港保皇派报纸《商报》进行论战的阵地，在海内外影响较大。1906年，冯自由出任社长兼总编辑。

常在《可报》上撰文，批评时政，声援革命。为了推广革命，《可报》价格低廉，在军界几乎形同赠送，这对革命思想的传播起着重要推动作用。不过，《可报》过于激烈的言辞引起当局的不满，在同盟会员温生才刺死广州将军孚琦事件后，清政府以《可报》扰乱民心，引起骚动为由，将其查封。《可报》虽然仅发行了半个月，但是其被查封的时候距离起义仅剩五天，革命舆论已经形成。

除了以上的细致准备，革命党人还进行了组织上的改进，那便是设立"选锋队"。选锋队其实是一支"精英敢死队"，他们由一批能被起义领导机关直接掌握的骨干分子组成。以往革命党人起义失败，一个重要的原因就在于临时联络的军队和会党难以统一组织。如今，有了选锋队，这批敢死队员就能够作为起义的先锋，带动新军、防营和会党同时响应。在组建选锋队上，朱执信起着重要的作用。选锋队的队员大多数是由朱执信选出来的，队员最初有500人，后增至800人，不过最终实际选出的只有300多人。为接纳和隐藏选锋队员，朱执信等租赁房舍38处，分置机关，以设公馆或米店的方式将军械掩藏起来。运输枪支弹药则由徐宗汉、庄汉翘、卓国兴等女同志以"嫁娶"的方式进行。

做好这些准备，4月8日，统筹部在香港集会，决定在4月18日发动起义。但是，由于该日同盟会员温生才刺杀广州将军孚琦，清方严加防范，加之美洲等地的筹款和从日本购买的军械尚未到齐，起义推至26日。这是第一次更改日期。4月23日，黄兴由香港潜入广州，在越华街小东营5号建立起义总指挥部。然而，当时清政府大肆搜捕革命党人，风头很紧，黄兴感觉局势危殆，就让赵声率领选锋队300人到香港暂避。之后，黄兴考虑一方面新军二标将于月内退伍，若不及时发动，则失一臂之力，另一方面此时李准从广东顺德调来防营，其士官多为党人，恰可乘机起事。因此，黄兴将起义时间改到4月27日。这是第二次改日期。然而刚改完日期，清军就开始全城戒严。清军突然采取的搜捕革命党人的行动，使得参加起义的人数锐减。考虑到这种情况，为了避免搜捕之祸，黄兴于4月26日清晨作出决定，命令各部立即解散，选锋队员分批撤回香港，举义时间改期再定。此为第三次变更时间。面对起义一拖再拖的现状，朱执信一方面理解黄兴的做法，因为仅26日黄兴作出决定的当天，同盟会数十秘密机关便陆续遭到破坏，改期确实是保险的做法。另一方面，朱执信也感到无奈，因为不停地改期也会失信于人，造成误会，影响革命。在权衡下，朱执信决定以大局为重，服从组织安排。但是，服从并不代表没有作为。朱执信当天奔赴顺德县乐从墟联络会党，建议会党改由乐从渡澜石直趋佛山，进逼广州。然而，26日晚，黄兴又决定孤注一掷，仍按原计划于4月27日发动起义。这第四次的改期，使得朱执信有些不满。朱执信明确表示："此次改期之议，余意殊不为然，以已发之命令，不宜随意变更，且当选锋群集于广州之时则不动，至遣散之后则又动，今人数未及当日之半，欲期成功事殊难言。"朱执信的话似乎已经预见了革命的失败。

事实也确实如此。回顾历史，很多人会回过头来争论黄兴于27日发动黄花岗起义是否正确。从当时的形势来看，这是一场无异于自杀性质的起义。虽然革命党内部成员都已经预见到革命的失败结局，然而他们却义无反顾地踏上死亡的修罗场，用自己生命的最后的热流筑起革命尊严的丰碑。

明知一死，为了革命理想仍选择前往，怀着这样心态的革命党英雄注定会写下可歌可泣的历史篇章。黄花岗烈士林觉民在《与妻书》说道："吾作此书时，尚为世中一人；汝看此书时，吾已成为阴间一鬼。……汝体吾此心，于悲啼之余，亦以天下人为念，当亦乐牺牲吾身与汝身之福利，为天下人谋永福也。汝其勿悲。"仅观一位林觉民，今人闻之已经肝肠寸断、涕泣涟涟了，一想到黄花岗一役中还有无数像林觉民那样的人牺牲，我们心中的感动已经超越了语言的表达范围。

在这场惊天地、泣鬼神的起义中，一介书生的朱执信也卷起袖子，慷慨激昂地走向了战场。这里就有一则美谈。

朱执信只是一位从未上过战场的知识分子，然而在这次起义爆发前，他却坚决要求参加战斗。在场的革命党人指着朱执信当时仍旧穿着的两截长衫打趣道："你穿着这样的长衫怎么能够冲锋陷阵呢？"朱执信低头看了看自己的衣衫，爽朗地笑了："这有什么难的！"当即操起一把刀，将长衫下半截掉，

1911年4月，临刑前的黄花岗诸烈士。照片中每人胸前都挂有写着名字的纸条，右起陈亚才、宋玉林、韦幺卿、徐满凌、梁伟、徐亚培。但实际上只有徐满凌一人的名字可在黄花岗烈士墓中找到

手持两颗炸弹，毅然"跟从黄胡子去拼命"。这里的黄胡子，指的是黄兴。朱执信割袍上阵的行为，很快在同盟会员间流传，极大鼓舞了革命党人的士气。

1911年4月27日，黄花岗起义如约进行。下午5时30分，为便于进入督署，黄兴、朱执信等人乔装成拜谒总督的日本人。事前，他们与督署辕门士兵约定"下轿即挥白布为信号"。但在这关键时刻，辕门卫兵变计，开枪射击。黄兴、朱执信等人英勇反击，在挫败督署卫兵阻挠后，冲入两广督署，与清军展开激战。朱执信在战斗中奋勇争先，完全没有平时文弱的样子。在掷完自己带的两颗炸弹后，朱执信又从地上捡起已牺牲的选锋队员的手枪，跟随黄兴冲入督署搜捕总督张鸣歧。其实，张鸣歧闻讯已经逃窜。革命党人没有搜出张鸣歧，便纵火焚烧两广督署。朱执信等人出督署的时候，恰逢候补道台李象震乘坐四人轿赶来，轿夫大喝"李大人来"，众人误以为是水师提督李准，一齐进攻，当

场把他打死。战斗中，朱执信不仅为敌军所伤，飞溅的子弹和选锋队员的误击亦加重了他的伤势。虽然朱执信不顾疼痛，坚持奋战，然而寡不敌众，随着大批清军到来，起义队伍被冲散，革命党人之间失去了联系，起义开始落败。朱执信看到大势已去，无法挽回，于是辗转行至双门底，在林云陔家住了两天，清理自己的伤口。随后，由于林云陔家所藏军械较多，为了安全起见，便转移到林云陔哥哥家暂避风头。经过短暂的休整，朱执信改服换装，在长长发辫的掩护下，从容不迫地离开林家，赶往香港，寄寓胡汉民家。黄兴负伤后化装巧妙逃脱，喻培伦、方声洞、林觉民等86人死难。后由广州革命党人潘达微通过善堂出面，收殓烈士遗骸七十二具，葬于红花岗，改名黄花岗，因此这次起义又称为黄花岗起义。

朱执信反对变更起义时间，就是怕发首难的义军与响应的会党联络有误。朱执信担心的还是发生了。由于消息隔阂，朱执信联络的南海、顺德等县的会党并不知道起义已经在4月27日爆发且已失败。他们依后来变更的时间于4月28日起事，最终在清军的强力镇压下失败。纵观来看，我们不得不赞叹朱执信料事如神。然而，尽管已经料到起义的失败，朱执信仍拼死奋战，我们更是钦佩他的勇气。

朱执信忘我的奉献精神、大无畏的牺牲精神给后人留下了思想宝藏。黄兴回忆起朱执信的英勇行为时说道："朱执信兄攻督署时，奋勇争先，迥非平日文弱之态。在二门，为后列误伤肩际,仍偕克(黄兴)攻出大南门,遇敌相失,幸遇其门生家,入易服走出。"

朱执信对待革命的精神是可嘉的,他就像其他黄花岗烈士一样,已经把革命放在家庭之上,舍弃小我,为了大我。朱执信在举义前四天就离家出走。妻子、儿女与弟妹都不知他的去向,惦念不已。当4月28日有一位民军到家找朱执信时,他们十分惊讶。举义爆发后,李准部队将机关枪架设在东西辕门上,杀死革命党人二三十人,逮捕革命党人七八十人。朱执信的家人多日未见朱执信回家,又联想到起义的惨状,心中极度担忧恐惧。

黄花岗起义虽然失败了,但是它的影响力却是巨大的。黄花岗烈士以死唤醒中国国民,极大地唤起中华民族的良知。思想的力量是无法估量的,革命精神一旦为天下人所共识,其意义便远大于一城一池的攻取。惨烈的黄花岗起义,直接促进了革命高潮的迅速到来,烈士们沃血中原,用牺牲为寒冷的中华大地发出星星春华。

浩气长存,黄花岗英魂不死!

孙中山在《黄花岗烈士事略》序文中高度评价了黄花岗之役:

是役也,碧血横飞,浩气四塞,草木为之含悲,风云因而变色,全国久蛰之人心,乃大兴奋。怨愤所积,如怒涛排壑,不可遏

黄花岗公园

抑，不半载而武昌之大革命以成。则斯役之价值，直可惊天地、泣鬼神，与武昌革命之役并寿。

广东光复

《朱执信先生墓表》中有这样一句话："从乙未至辛亥，无役不与。"

在推翻清王朝前，广州的每场起义，我们都能找到朱执信的身影。革命的一次次失败没有挫伤朱执信的斗志，反而使他愈战愈勇。有着坚定革命理想的支撑，朱执信等革命党人终于迎来了胜利的曙光。

此次的胜利，虽然是大势所趋，然而亦是来之不易。

黄花岗起义后，朱执信身上的重担又增加了几分。

首先是南方支部的领导工作。同盟会南方支部一直是策划南方革命活动的大本营，它起着至关重要的作用。然而，当时南方支部部长胡汉民远走南洋，汪精卫虽名为支部秘书，但他专心策划暗杀活动，实际上也没有负责。在这样急缺领导人才的情况下，朱执信主动挑起大梁，负责起南方支部联系与维持的工作。

其次是香港《中国日报》的维系工作。受到黄花岗起义失败的影响，《中国日报》也受到重创，经费维持异常困难。1910年夏，《中国日报》主编冯自由前往加拿大。因此，主持《中国日报》的运转、发表反清爱国文章的重任，自然而然地落到了朱执信身上。

最后是组织会党的工作。黄花岗起义失败，使得革命党的工作受到重创，雪上加霜的是，清政府更加严密的监视，令革命党人的活动遭受到更大的困难。面对这样艰难的情况，朱执信依旧坚持积极组织会党，常常只身往来于广州与香港之间。1911年10月10日武昌起义爆发后，胡汉民对革命运动作了具体安排，朱执信成为广州起义的主要负责人。朱执信平日里联络的会党，在起义中发挥了巨大的作用。

从上面的罗列我们看到，朱执信已经成为广东光复最后时刻的顶梁柱，有了他的坚持与维系，革命事业终于在漫漫长夜中破开一丝曙光。

光复广东，从劝反水师提督李准开始。

早在1910年广州新军起义时，朱执信就同广东水师提督李准有所交往。朱执信曾在黄花岗起义失败后给李准通信，劝其反正，将功赎罪。信中摘略如下：

满洲是夷，汉人是夏，目从多尔衮率众入关，屠杀我汉人，不计其数，扬州十日，嘉定三屠，在广州杀吾汉人，由第一津杀至第十八甫，有许多书籍记载此事，似此不共戴天之仇，凡属黄帝之子孙，必须负报仇之责任，军门姓李，四川省人，乃是无可否认之汉族，何必媚事满人？三月廿九之役，死难者皆汉族之优秀精锐，请军门扪心自问，何忍出此！大符（朱执信字）与军门有一日之雅，谨尽忠告，望即克期举义，戴罪图功，统率所部来归，不特前事可不计较，大符且当于全体党人共同拥戴军门为创造大汉民国之首领，维军门实图利之。

然而，李准对此不置可否。面对李准的冥顽不灵，1911年7月，在朱执信的强烈主张下，陈敬岳、林冠来到广州刺杀李准。经过一番侦查，敢死队将李准每日必经之路摸清，遂在李准行至双门底时，投掷炸弹炸伤其臀部。从此，李准对革命党人更加忌惮。

1911年10月10日，革命事业的大转折出现了，这就是著名的武昌起义。一声枪响，湖北新军攻克总督府，占领武昌，消灭清军大批有生力量。这次起义就像在中国腹心地区打开了一个缺口，其他省份纷纷响应独立，反清革命的烈火呈现出燎原之势。广州是中国的重要省份，朱执信趁着大好形势再次加紧响应武昌起义，光复广东的革命活动。

当时，广州的新军及巡防营等受到清朝官吏的严格控制，起义的重担落到了民军身上。朱执信一方面坐镇香港负责全盘指导工作，一方面积极发动广州附近各县由会党、绿林及一些反正的清军组成的民军，就地起义，并尽速向广州进军。身在美国的孙中山听闻武昌起义的消息，决定让黄兴领导湖北革命军对清军作战，而胡汉民、朱执信等人则找准时机一举光复广东。遵循孙中山的指示，陆领、陆兰清、张炳、周康等人率领民军，再一次在顺德的乐从、陈村，南海的西樵等地举起义旗，并逐步占领顺德、南海、三水等县的许多据点，形成一个从西南面包围广州的态势。李福林所部民军散布在禺东、禺南一带，在朱执信的引导下，他们在广州近郊发动起义，给广州的清朝当局以直接的威胁。与此同时，陈炯明、邓铿、王和顺率领民军在东江发难，很快便迫近惠州。西江、北江、潮梅、钦廉等地区，亦纷纷爆发声势大的武装起义。形势一片大好，革命的烽火瞬间燃遍广州各地。到了十一月初，军事上的主攻权已经牢牢掌控在民军手上，广东的局势实际上已经被革命党人掌控。

看到这样的情况，李准心知民心思汉，大势所趋已经非人力能持，遂决定归顺革命。刚开始的时候，两广总督张鸣歧血腥镇压民军起义。然而，看到全国各省相继独立，广东民军势不可挡，清朝军队遭到包围的现实，张鸣歧决定向革命势力投降，并于11月9日逃往香港。同日，广州士绅集合于咨议局，推举胡汉民为都督。胡汉民、朱执信等连夜从香港赶回广州，胡就职为都督，朱执信任都督府总参议，至此，广东最终以顽固派的投降，革命派的胜利告终。

在这场几乎是兵不血刃的和平光复中，朱执信无疑是广州这片风暴的中心人物。胡汉民曾评价道："当时的独立，全由朱执信计划运动驾驭，然后方得成功。"是的，时代造英雄，朱执信乘着时代的大潮已经在这片土地上搅起风云，清王朝在革命党人的努力下终于轰然倒塌，民主共和国的建设梦想正闪烁出耀眼的光芒。

第四章　捍卫共和

建设政权

虽然清政府被推翻了，广东光复了，但百废待兴的中国仍等待着"推倒"后的"重建"。此时的革命党人，在辛亥革命胜利的鼓舞下，热情洋溢地投入到新政权的建设当中。

1911年11月中旬，广东军政府（后改为都督府）成立了。这是广东第一个民主共和政权，由同盟会成员组建。朱执信从香港回到广州后，开始在广东军政府任职。起初，朱执信担任总参议，后来又兼任过广（州）阳（江）绥靖督办、军政府核计院院长、军法处处长等职务。在百废待兴之际，朱执信不负众托，为新上台的政府立下汗马功劳。

朱执信首先参与到《临时省会选举法》的制定工作中来。制定《临时省会选举法》，朱执信等革命党人出于以下考虑：

一是各界大会凌乱复杂，不能依靠；二是咨议局旧议员，绝没有使复活的道理；三是光复的各省也接二连三地改选，广东人士也应当和他们有同等的要求。因此，在胡汉民、朱执信等人主持，邹鲁、陈炯明等人的共同研究下，《临时省会选举法》最终出台。

选举法规定，选出代议士120人，其中除由地区选出人数不等的代表以外，还特别规定军团协会代表20人，华侨代表12人，学院师生代表6人，自治团代表1人，同盟会代表20人，妇女代表1人。只要是年满21岁以上，广东籍或在广东居住5年以上的中国人，秉性良好，没有担任政府、军队、警察等公职的，都有被选举的资格。议员的选举采用差额选举的办法，并且对议员并不设财产的限制。可以看出，这个法规还规范了新政府各属人员的产生方式，预防了用人无序、任人唯亲及无能之徒混入领导机构的现象。

此外，值得注意的是，这次的选举法中，对妇女代表的规定是一大亮点。中国几千年来，妇女一直处在附属的地位。革命党人追求民主平等，给了妇女从政的权利，无疑对妇女解放、妇女地位提高起着巨大鼓舞作用。可以说，法规中规定存在妇女代表，不仅是中国政治制度史上所未见，更是"亚洲所创见"。胡汉民评价道："我与陈炯明、朱执信等人草定《临时省会选举法》各界为比例选举，特别规定同盟会代表二十人，妇女代表十人，各界当选的人，十个人中九个是同盟会成员。嗣是省会乃不复有与政府分歧的趋向，而议员有女子，乃是亚洲所创见。"女议员的参与，可以看出革命党人在选举法中一以贯之的民主平等精神。

朱执信第二件着手做的事情，是治理财政。

朱执信从小在数学方面就展现出天才的一面。留学日本后，朱执信修了经济学科，并名列前茅。朱执信在广州军政府任职后，政府财政面临着一系列问题，因此，治理财政的任务就交由朱执信去处理。

这段时期，朱执信最重要的工作是"节流"。早在广东光复时期，粤督张鸣歧认为垮台即在眼前，于是发给济军双份军饷，又伙同其走卒抢劫其他财物。他甚至狂妄地断言，革命党就算是取得胜利，接手广东，面对这样的财政烂摊子，也会因财政困难支撑不到三日。朱执信此时面对的，就是这样一个入不敷出的情况。为了维系政府运转，朱执信担起重任，想办法缓和财政压力，节省开支。

节省开支的主要措施是减缩行政官厅政务范围，裁汰冗员。朱执信与同事们约法三章：各官局司所有经费，都必须经过核明才能发给。各机关每月的决算清册，必须经过朱执信亲自核对。在每次的财务审核时，朱执信都会认认真真地把各方面账目明确地列出来，然后运用经济学知识系统地进行财务清理。

朱执信本就是一个认真到一丝不苟的人，为了节省开支，他做事情更是细致到极致，一丝一毫都不放过。这里就有一个小故事。

有一次，朱执信在检查数据时，发现陈炯明所率的部队军旗数有误，便当面质问陈炯明。陈炯明在广州政法学堂毕业时，朱执信为当时学校的教员。后来陈炯明与朱执信同为革命战友，陈炯明仍以师礼待之，尊敬地称他为"执信先生"。军旗数本是小事，然而朱执信一点也不放过，从这件小事上也要严肃教育一下陈炯明，陈炯明不禁惭愧。对于这件小事，胡汉民有所记载："某次因稽核陈炯明军，不但于其军数查核至晰，即各队之军旗亦一一核之，分别指而诘陈曰：'君各队之军旗乃较簿籍所录之数为少，何耶？'陈为之气慑，出而语人曰：'执信先生殊苛，并军旗之数亦督察我也。'"

朱执信严格审计全省的出纳，各机关都不敢乱来，由此全省的纲纪，肃然一新。

亟待朱执信着手解决的还有民军问题。

民军的军队成分很流杂，士兵大多由下层民众组成，大部分人一没有接受良好的教育，二也没有经受过正规训练，很容易引出各式问题。民军虽然在广东光复的过程中立下汗马功劳，然而，光复之后，他们居功安逸，蔑视他军，目中无人，心中无法。他们洋洋自得，认为自己是起义的首要功臣，将他人视作降虏，经常发生一些抢劫掠夺的事情。民军的行为引起社会团体的不满，另一方面，军饷数额较大，一周的费用多达

500余万元，占财政收入的80％以上，军政府的财政赤字骤增。鉴此，朱执信开始重新整编民军。

为了维护良好的社会秩序，朱执信首先决定对民军进行改造和再教育。经过分析，朱执信认为，大多数民军还是比较好的，只要对他们进行普遍的教育与整顿，他们的素质就会大大提高。为了教育民军，朱执信派出许多受过军事教育的革命党人到民军中任教员，其中不乏来自陆军学院并有着革命觉悟的学生。

此外，在教育的同时，还设立了检查与监督机制。在朱执信与胡汉民、陈炯明等人的共同努力下，军团协会和民团督办处两个民军团体成立了。军团协会是由各路民军及原有水陆备军组织的自律团体，隶属于广东军政府，自我约束，解决民军各项实际问题。民团督办处则是为了总摄各路民军，特意设立的统一指挥机构。这两个机构以克服民军的恶习为宗旨，多次颁布军令，对各种违纪行为进行严厉惩罚。

朱执信书札

然而，虽然采取种种措施，巨大的军费开支还是使政府运转艰难。不得已，朱执信开始着手对民军进行大裁员。从1911年11月广东军政府成立到1912年4月近半年的时间中，朱执信共裁撤民军9万余人。在这些裁掉的民军中，包括石字营、王和顺惠军、兰字营。到了1912年底，民军只剩下4万人。裁员虽然缓和了政府的财政压力，但也引发出一系列社会问题。被裁掉的民军流落民间，成为盗匪，扰乱社会治安。为了肃清盗匪，胡汉民于1912年4月再度出任广东都督后，立即宣布成立广东全省总绥靖处，并分四区各以督办主其事：朱执信主持广阳，周之贞主持肇罗，陈仲宾主持南肇，邓铿主持琼崖。在广阳绥靖处，朱执信以李福林为会办，对治盗工作下了极大的决心。东海十六沙匪风甚炽，民不宁耕，朱执信奋力剿贼。朱执信整顿盗贼虽然没有达到预期的效果，但是他认真负责的精神足见一斑。

　　在建设政权的工作中，我们看到朱执信的忘我与投入。他为广东光复立下重要功绩，但从不居功自傲，仍旧勤勤恳恳为国家和人民踏实做事，从不贪图享受，自私自利。在广东军政府里，朱执信一心扑在工作上，任劳任怨，从不为自己着想。朱执信虽然执掌政权，但他一心奉献，从不以权谋私。当时，朱执信每个月的工资有500元，但他每次只给家中100元，剩下的都尽数捐献给了革命事业。因此，虽然身居高位，朱执信仍旧过着清贫的生活，住在简陋的小房子里，穿着旧衣衫。朱执

1912年1月1日，孙中山赴南京就职情景

信的家就住在广州河南同福大街，与都军政府相距很近，但朱执信却很少回家。胡汉民曾感慨道：

　　执信有一奇癖，即回家即不作事，作事即不回家，故繁劳之际，往往终岁不一还家。

　　当时的朱执信，有自己的妻子和孩子，常年不回家是怎样的舍我精神！在朱执信的努力下，广东政局正在朝革命党人所构想的方向建设。在这样的建设热情下，孙中山断言，民族、民权的两大基本纲领已经实现，今后着手建设民生，中国将会变得更加繁荣昌盛。然而，巨大的兴奋之后是悄然逼近的阴影。1913年3月，宋教仁被杀害，以袁世凯为代表的北洋军阀在帝国主义的支持下，复辟帝制，窃取了革命果实。此时，资产阶级革命党人终于从民主共和国建设之梦中惊醒，未来的建设道路还很长，更多的困难还在等着他们。

奋起反袁

革命党人把全部精力投入到政权建设中的时候，对于国家的未来非常乐观。令他们没有想到的是，在帝国主义和强大的封建势力面前，革命派的力量依旧弱小。

1912年1月1日孙中山在南京宣誓就职，宣告中华民国正式成立，第二天，南京临时政府正式成立。2月12日，在清朝内阁总理大臣袁世凯等大臣的劝说和逼迫下，宣统帝溥仪的母后隆裕太后接受《清室优待条件》，发布《逊位诏书》。自此，统治了中国二百六十八年的清朝正式宣告灭亡，中国两千年来的帝制也宣告灭亡。但是2月13日，孙中山在帝国主义和封建势力逼迫下，辞去临时大总统职，由袁世凯接任。3月8日临时参议院又通过《中华民国临时约法》，试图通过内阁制对大总统的权力加以限制。3月10日袁世凯在北京宣誓就职中华民国第二任临时大总统。当时按照临时约法实行责任内阁制，实权在内阁手中，总统权力极大地受到内阁的制约。第一届选举的内阁，就与总统不合，这让袁世凯对内阁十分忌惮。同年8月，同盟会联合统一共和党、国民共进会、共和实进会以及国民公党组成了国民党，孙中山当选为总理，但由宋教仁代理。是年底，国会大选开始，国民党获胜，宋教仁成了政党内阁的组阁人。看到内阁被革命党人控制，袁世凯对自己权力受到限制十分不满，决心除掉异己力量。1913年3月20日，宋教仁在上海火车站被刺杀身亡。宋教仁被刺，举国震惊。看到袁世凯随后又向英、法、日、俄等国大量借款，随时准备与革命党一战，革命党人终于意识到事态的严重性。

面对革命果实被窃取的情况，南方革命党人掀起一阵"讨袁"的呼声。孙中山认为袁世凯是革命者的死敌，必须兴兵讨伐。朱执信一直追随孙中山，很多思想和孙中山不谋而合。在讨伐袁世凯的活动中，朱执信在"武装"和"舆论"两方面发挥着自己的力量。

朱执信大力支持武力讨袁。在当时，革命党人虽然不满袁世凯的作为，但对如何处理此事，却存在内部的分歧。一部分革命党人认为应当"法律讨袁"，主张通过诉诸法律程序，和平解决此事件。而另一部分革命党人则主张"武力讨袁"，用暴力手段推翻袁世凯的统治，夺回革命果实。朱执信认真总结此前教训，认为造成现在这样的状况，就是因为当初放弃武装权力，让权于袁世凯。由此，朱执信断言，武装斗争才是唯一的出路。

朱执信认为，要进行武装斗争，就要对士兵进行革命思想教育。朱秩如所著的《朱执信革命事迹革命略述》中，记载着朱执信对同僚们的话：

我们以前跑进不相干的军队里运动革命，军队便很坚贞的同我们革命，现在军队是我们统辖着的，却去防人来用金钱运动，这不是怪事么？不是怪事！因为我们灌输主义的勇气减退了。你们把这事交给我，由我天天到军队里，将主义与袁世凯的金钱恶战，保管广东无事。

朱执信还为如何建立一支强有力的革命军队提出建议：

此时欲讨袁必选简选革命之劲旅，今在粤之第一师为钟鼎基，第二师为苏慎初，第一师之中无革命党人，第二师中虽有而不多。今若新编革命军一师，则第二师当然可互相提携，第一师亦不致有所变化，此上策也。其次别余辞去一切名义上之职务，专选优秀同志在粤各军中宣传革命之理论与讨袁之大义，以坚决将士计袁之心，此又一策也。

朱执信虽然主张武力讨袁，但可惜没有实权，革命党人中真正掌握兵权的陈炯明却持"观望"的态度。朱执信劝说陈炯明用重兵守住西江，防止龙济光袭粤。然而，没有想到的是，陈炯明已经暗中与袁世凯妥协，对朱执信的建议始终采取置之不理的态度。另一方面，袁世凯还对国民党议员施加压力，平息"法律讨袁"的微弱呼声，公开污蔑孙中山、黄兴等"左又是捣乱，右又是捣乱"。1913年6月，袁世凯相继罢免江西都督李烈钧、广东都督胡汉民、安徽都督柏文蔚的职务。同时，袁世凯又举兵进入江西，挑起内战。

袁世凯罢免胡汉民职务后，陈炯明于7月2日任职为广东新任都督。此后，朱执信与胡汉民一起奔赴香港，与孙中山共同商讨对策。经讨论，朱执信决定与胡汉民返回广州，动员陈炯明反袁。朱执信是陈炯明的老师，陈炯明对他十分敬重。朱执信奔赴香港时，陈炯明不仅秘密保持着朱执信在军政府的职务，还多次派遣官员到香港，邀请朱执信回广州襄助一切。朱执信在陈炯明心中很有分量，他的劝说让陈炯明有了一点动摇，但是还没有完全决定讨袁。1913年7月12日，李烈钧在江西湖口起兵讨袁，打响了武装反抗袁世凯的"二次革命"的第一枪。在朱执信再三劝说和大势所趋下，陈炯明于7月18日在议会陈述袁世凯十二条罪状，正式宣布广东独立，加入到讨袁行列。然而，在袁世凯的进攻下，7月25日，湖口①失陷。8月11日，李耀汉勾结龙济光，使龙济光军队长驱直入，占领广州。陈炯明宣布取消独立，逃至香港。8月18日南昌失陷。9月1日南京被张勋部攻占。9月12日，熊克武军退出重庆，各地相继取消

---

① 湖口：属江西省九江市，地处湖北、安徽、江西三省交界。

独立。

之后，朱执信与胡汉民来到上海，恰值钮永建在吴淞起兵讨袁。朱执信在奔赴香港前，曾准备一万元赴日留学。此时，朱执信得知上海起义军军费吃紧，毅然倾尽留学经费，资助义军起义。然而，纵然朱执信见义勇为，用大无畏的精神自我牺牲，资助革命，吴淞起义仍是在袁世凯的镇压下失败了。

看到这样的情况，革命党人决定重返广州，建立革命根据地。然而，当朱执信、孙中山等人行至福州马尾时，了解到龙济光已经盘踞广州，广州形势十分紧张，众人只得作罢。根据重新部署的行动计划，朱执信奔赴香港，研究和布置讨伐龙济光的事宜。

9月15日，袁世凯下令通缉孙中山、黄兴、李烈钧、朱执信、廖仲恺等革命党人。11月4日，袁世凯又下令解散国民党，取消国民党议员资格。于是，孙中山、朱执信等革命党人再赴日本，以谋"革命之再起"。

在讨袁活动中，朱执信还积极声讨袁世凯，为革命造势。

起义不光靠武装实力，还要靠舆论宣传。1914年5月，孙中山在日本东京创办《民国》杂志。朱执信积极响应，先后发表了《未来之价值与前进论》《无内乱之牺牲》《暴民政府者何》《生存之价值》《革命与心理》《开明专制》等文章，深刻鞭挞了军阀政府的反动统治，批判开明专制谬论，大力宣传革命精神。

首先，朱执信在文中揭露袁世凯政府的卖国与腐败。

朱执信认为，袁世凯政府的腐败甚于清政府。对此，朱执信解释道："倒持太阿，授人以柄，固满政府所不为者也。重敛以逞，民劳弗恤，固满政府所不为者也。山泽之宝，一贡诸人，固满政府所不为者也。纵兵肆虐，任意残掠，固满政府所不为者也。"袁世凯政府苛刻民众，重敛财物以贡外人，百倍于清政府。袁世凯为了取得帝国主义的支持，出卖国家利益，然而，袁世凯如何谄媚，帝国主义列强也不会满足。朱执信认为二次革命后袁世凯统治下的时期，是"无内乱之牺牲"时期。二次革命时期，虽然产生内乱，国民经济虽遭受了一些损失，但这种内乱在于革命党人谋求社会进步、百姓富足，在于捍卫民主共和秩序。"二次革命"后，虽然没有战争，但是袁世凯拿举国之利益卖给外人，这反而比内乱时期带来的损失更大。

其次，袁世凯政府还极大地破坏了国民经济。

袁世凯的统治使各地的生产事业十分萎靡。对于袁世凯的罪行，朱执信从各行各业入手，细细分析。

农业方面，中国的农业状况每况愈下。我们知道，中国是最古老的农业国家，就算在一些方面做得可能不如外国好，但是总体上也不会太差。然而，袁世凯认为各省实业发达，会增加革命党人根据地的实力，因此就不去改良、扶助农业，这使得中国农业行业逐渐萎靡。矿业方面，袁世凯也不对其增设保护。矿业是工业的基础，几乎无业不受矿业影响。然而，袁世凯对矿业的保护条令形同虚设，这使得中国矿业缺乏保护。另一方面，袁世凯还取消各省的采矿权，等待中央认定。这样的做法就造成了矿石各省不能开采，帝国主义却能大肆开采的局面。这样的卖国行为，不仅损害了矿业，更影响了中国整个工业乃至各行各业的发展。铁路方面，袁世凯把铁路权"授予"帝国主义。朱执信指出，中国若不兴建铁路那么中国工业就不会发展。袁世凯的做法严重损害中国的经济发展。金融方面，袁世凯阻挠各省间的纸币流通。这种做法，带来了纸币混乱的恶果，严重影响了民生经济。

基于上面的分析，朱执信认为，想要使人民活得更加幸福，提高人民的生存价值，唯一的方法是"于此贫弱之希望中，冀其改良政府之一事实现，乃可以次及其余"。而要改良政府，就是要革命，推翻袁世凯的统治。

朱执信是讨伐袁世凯的活动中的"先锋兵"。在"二次革命"时，他主张武力抗袁，动员、资助武装革命。"二次革命"失败后，朱执信东渡日本，决心从事舆论宣传，通过提高国民的民主意识达到最后推翻袁氏独裁、实现共和民主的目的。面对袁世凯的罪行，朱执信嫉恶如仇。他毫不畏惧、毫不妥协，在理论和实践两个方面再次为革命党人的行动指明方向。

誓死讨龙

"集权"一直是袁世凯的政治主张，而袁世凯称帝的野心也在这样的主张中暴露无遗。革命党人发动的"二次革命"虽然打响了反对袁世凯北洋军阀的第一枪，然而由于缺乏支持，二次革命很快失败了。1914年1月，袁世凯解散国会。同年5月，袁世凯颁布《中华民国约法》，以此取代《中华民国临时约法》。在新颁布的约法中，袁世凯确立了封建军阀专制制度，将民主精神从法律中抹除。

眼看着"民主共和"即将被扼杀在摇篮中，革命党人一方面心急如焚，另一方面也在不断反思"二次革命"，吸取教训，寻找对抗封建军阀的办法。

孙中山将二次革命的失败归结为"人心涣散"。1911年，同盟会改为公开政党。次年8月，以同盟会、兴中会、国民党、中华革命党为前身的中国国民党成立了。国民党虽然是中国历史中第一个资产阶级政党，但在成立之初，由于许多"假革命分子"鱼目混珠混进政党内部，其精神与组织俱呈现涣散的状态，失去一个革命团体应有的作用。从人员数量上看，国民党成立后，革命党人势力的确扩张了。然而，从精神上讲，革命党中却良莠不齐，人员复杂。"长衫同志变成政客，武装同志变成军阀，同时军阀加入本党做武装同志，政党也加入本党做一般同志"是当时的真实写照。在这种混乱的情况下，一些革命党人的老前辈甚至都对革命前途产生了怀疑。他们革命十年，却在此时"缄口不谈革命"，心灰意冷，相互诟病，一蹶不振。因此，孙中山感慨，现在革命党人失败，不是因为袁氏实力过强，而是因为内部人心涣散。

面对如此困境，孙中山号召革命党人不能因为失败就灰心，不能因为困难就退缩，而要"协力同心，共图三次革命"。为了进一步巩固人心，1914年7月，孙中山在日本东京成立中华革命党，出任总理一职。该党以讨伐袁世凯，"以实行民权、民生主义为宗旨"，"以扫除专制统治、建设完全民国为目的"。中华革命党按照传统会党的形式重建组织，强调对领袖个人效忠。入党者必须抱有牺牲一己的性命、自由、权利的决心，绝对服从总理的指挥。不过，许多革命党人不能理解孙中山的决定，黄兴、李烈钧、柏文蔚等人都对中华革命党的建立持有异议，朱执信也在其中之列。

"二次革命"后，朱执信来到日本，继续经济学的学习。

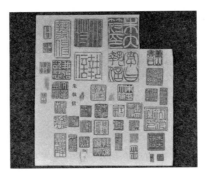

朱执信使用的各种章印

在学习之余，朱执信亦不忘革命，仔细分析二次革命失败的原因，并积极寻找对抗袁世凯的对策。经过思考，朱执信认为，广东长久以来一直是革命党人的根据地，想要取得反袁斗争的胜利，就必须夺回广东。龙济光是袁世凯的心腹，当时广东为龙所盘踞。因此，朱执信认为，革命反袁的第一步，就是要武装讨龙。

朱执信 将自己的想法告诉孙中山后，得到了孙中山的支持。但是，孙中山表示，如果朱执信想要回国主持讨龙活动，就必须答应孙中山一个前提条件，即加入中华革命党。对于这个条件，朱执信不愿答应。朱执信本就不赞同孙中山另组政党的做法，更何况中华革命党要求党员必须绝对服从孙中山命令，朱执信更对此不满，于是拒绝了孙中山的要求。回忆到当时的情形，孙中山曾谈到："我们有个最好的同志，就是朱执信。他的学问是很好的，对于革命事业又非常热心。他尝问我：'革命何以要服从个人？'我说：'这容易解释，就是服从我的主义便了。……我这三民主义、五权宪法，也可以叫作孙文革命；所以服从我，就是服从我所主张的革命；服从我的革命，自然应该服从我。'"面对孙中山的再三劝说，朱执信始终没有答应。最终，孙中山只得令李海云、邓铿分别担任广州、东江方面讨龙活动的主持人。不过，1914年第一次世界大战爆发后，朱执信依然跟随日本资产阶级革命党人回到广州，共同筹划讨伐龙济光的活动。

1913年8月3日，袁世凯任命龙济光为广东都督兼署民政长官，并授其为陆军上将。龙济光奉命攻占广州，出任广东都督。至此，广州掌握在龙济光的手里。龙济光重开赌场，扰乱百姓，为所欲为，人民苦不堪言。即使是与龙济光亲近的英国人，也不得不承认龙统治下的广东形势是革命以来最坏的。虽然龙济光重金悬赏通缉革命党人，但朱执信、邓铿等人为了革命理想，不顾生命危险毅然从日本返粤。1914年6月，邓铿促成陆军营长吴文华于广东饶平县黄冈起义、王国柱于潮州起义，揭开了广东地区讨龙运动的序幕。

朱执信虽然不是孙中山派遣到广东地区的革命领导人，但是凭着朱执信多年的威望，每次进行革命活动，邓铿无不要与朱执信商量。因此，朱执信虽然名义上不是讨龙的负责人，但实际上已经跻身重要领导人之一。

在朱执信的帮助下，革命活动进展顺利，但不久却出现了经济问题。中华革命党本部无力给予充足的经费支持，这使得革命活动面临停滞的危险。因此，朱执信决定与叶夏声分赴南洋筹款。9月14日，朱执信抵达新加坡，得到邓泽如、邓子瑜协助。朱执信向邓泽如、邓子瑜说明此次南洋之行的目的：

自袁氏祸国，第三革命，不容幸免。而欧洲战事，益与吾人以不可更迟之机会。内外同志所共知也。现东京本部已分省筹划进行。广东为南省门户，中山先生特派邓仲元（邓铿）主任其事，邓推执共事。查粤军队，除济军（龙济光军队）外，皆邓仲元与执之旧部，已先后派员接洽，均允发难。共济军亦有一部分既明大义，约定倒戈相从。其余绿林啸聚者，大抵皆前日民军，当辛亥九月，由执率之起义，后经遣散者，今亦联为一气，誓倒袁贼而后已。似此，以最激烈之人心，乘不世之机会，为一致之行动，粤省固已在掌握之中。此外，各省亦由主任人经营，成绩均不相让。倒袁之期，可以预卜。独是发动之初，不能无款，事机已迫，更须速筹。用特南来，商请各埠同志，勉为捐助。俾发动应时，不失机宜，早复吾民之自由，登之安席。

朱执信来到南洋筹款，经历了一些小小的波折。当时，一些像李烈钧、陈炯明那样拒绝加入中华革命党的国民党人，在南洋另立名目，进行活动。朱执信尚未加入中华革命党，所以他前往南洋筹款的活动引起孙中山的误会。孙中山并不知道朱执信前往南洋是受到邓铿的委托，而不是为了另立门户，遂致函在南洋的陆文辉、李源水、邓泽如等人，严词拒其为朱执信筹款。幸好孙中山致函时，朱执信已完成任务，这才没有引起麻烦。总之，经过半个多月的忙碌，朱执信等人筹款4万元，讨伐龙济光终于有了足够的资金支撑。

有了经费支持，朱执信和邓铿开始着手布置革命活动。他们首先派遣同志回广州投掷炸弹，散布言论，以造成恐怖气氛，动摇龙济光军队的士气。其次，他们积极筹备广东各地民军起义的工作：邓铿负责东江；李海云负责恩平、开平、台山；陆领负责乐从；林警魂、梁德负责高州、雷州两属；梁诚负责新会；李天德负责番禺；李洪负责容奇；其他地方也分别委托同志具体负责筹划起义。邓铿以策划军队反戈为主，朱执信以发动绿林为主。为了发动绿林豪杰，朱执信不辞劳苦，常常睡在山洞或露天草地里。有的时候，"因防军围搜，一夜之中，往往数迁"，然而朱执信无怨无悔。在朱执信的努力下，各地民军均允发难，誓倒袁贼，甚至龙济光所部一些将士也愿意倒戈相从。

做好这些准备，讨伐龙济光的日子终于到来。经计划，革命党人决定使用调虎离山之计。武装起义之前，朱执信等革命党人开始在广州地区制造紧张气氛。果然，龙济光上当中计，将出防各地的直系军队纷纷调回广州城附近，以保其巢穴。朱执信乘龙调走各地军队之机，策动各路民军趁机进攻。此后，民军先后攻占了江门、陈村、前山、阳江、石城等地。然而，由于枪械不足、弹药短缺、起义时间不一等原因，义军最终在龙济光的部队镇压下，失败了。

起义失败后，朱执信本着认真负责的心态，写下《讨龙之役报告书》，给南洋捐款的华侨一个交代。

朱执信首先肯定了南洋华侨的爱国之心，赞扬了他们资助革命的高尚行为，并对起义失败感到惭愧。"此次广东举事，蒙各同志倾心相助，未至成就，复求匡倾，惭恧无地。惟自始事以来，进行大概，尚未报告。此时正在收集休养，准备续战，特先将办理大略，报告于下……"

此外，朱执信又在报告中详细分析了此次活动失败的原因，列出了经费、军队和绿林三个方面。

经费的短缺，是这次讨龙之役失败的重要原因。虽然朱执信在南洋筹款颇丰，然而到了起义时，实际汇到的捐款数目却十分有限。"其始汇到款项，先拨东北路经费，西南一方徒待款到，不能办事。其已运动之惠州方面又先起，不待他处。"结果各路军队路纷纷告急之时，经费不足，不仅弹械无法补给，连供给士兵吃饭的粮食都不够。

反正军队的不可靠是此次失败的第二个原因。"许反正之军队，在惠州，在增城、龙门，在虎门，在江门者，各负心反噬，或捕人，或拒敌，以是与原计划龃龉颇多。"

绿林民军，缺乏远大的理想和革命主义，纪律涣散，步调不一，这是革命失败的第三个原因。"南顺起时，花县绿林为委任状及巨款之言所诱，不肯即动。故惠州起而佛山不能应，佛山起而花县又不能应。及花县既悟，高州又起，佛山之众方拟再进，又以内应泄而不得成。"

最后，朱执信还对未来作出展望，建议同志们不要因暂时的失败而灰心。朱执信认为各军虽然遭受挫折，但是没有伤及根本。因此，目前没有必要另起炉灶，只要按兵不动，静候命令，养精蓄锐，终有一天会达成革命目标。

在这场讨龙运动中，我们看到朱执信通过自身的指挥才能，赢得邓铿等人的敬重。另一方面，朱执信及时总结教训，向华侨报告，也展现出他作为领导人有担当的一面。

不过，讨龙之役失败后，革命党人的活动受到经费和武力的双重限制。朱执信说："在实际上，吾辈作事，正所谓'上水百斛船，用尽气力不离放处'，若稍有停篙之势，则一落千丈矣。黄帝之书所谓日中必彗操刀必割者也，近日所谋或不尽如意，要之有可希望，若得小助则先办小方面，大助则多办，总以一试为期。"得知朱执信为革命的种种的努力，并考虑到朱执信在广州革命地区的影响力，孙中山意识到此前对朱执信过于苛刻，于是立即对他通函认错。朱执信接到孙中山的信件后，也决定加入中华革命党。1915年12月2日，朱执信被孙中山任命为广东革命军司令长官，继续率领革命党人坚持不懈地进行讨龙革命。

1915年12月12日，袁世凯称帝，改国号为"中华帝国"。为了反对帝制，孙中山发表《讨袁宣言》，表示"誓死戮此民贼，以拯救吾民"。紧接着，孙中山发动护国运动，出兵北上，为民主共和而战。为了全力反对袁世凯，朱执信继续负责与袁世凯的心腹龙济光进行殊死斗争。

1916年初，朱执信进行扩大组织的活动。在澳门，朱执信广泛联络志士，努力延揽人才，办理有关先前同盟会会员的申请登记和甄审工作，吸收更多有志者加入中华革命党。此外，朱执信还极力联合陈炯明部队。陈炯明当时掌管惠州方面的军队，身兼要职。然而，陈炯明却不听孙中山关于军队统一番号、统一指挥的指示，拒绝服从朱执信的统一领导，而主张分路兴师。对此，朱执信曾和陈炯明在香港进行过会谈，但是，由于陈炯明还是抱有成见，尽管朱执信极力劝说，双方仍旧没有达成共识。

同时，朱执信把具体的作战计划也提上日程：李海云为中华革命军广东第一军军长，负责南路；李岳宗为第二军军长，负责四邑、江门；陆领为第三军军长，负责南海、顺德、中山；李天德为第四军军长，负责番禺、增城、从化、东芜和广州附近；谭惠泉负责雷州半岛。

2月5日，朱执信率领部众潜入石湖村，绿林和民军四千余人此前已到。清远、花县、东莞各地的山林壮士数千人，也约定于2月8日到石湖村集齐。一切准备基本就绪，就在此时，龙济光得到密报，立即调遣两营精锐部队，由炮兵团长田春发率领，于2月7日夜前往镇压。8日黎明，民军与田春发所部在石湖村展开激烈的战斗。民军毫无畏惧，英勇杀敌，当场击毙田春发，两名营长一位被打死，一位被打伤。虽然革命党人的军队取得了小小的成就，但是不久龙济光又派兵增援。9日凌晨，在敌强我弱的形势下，朱执信不得已下令撤退，最终功败垂成。虽然这次起义失败了，但是它有力地牵制了龙济光的军队，为护国军入粤创造了条件。之后，朱执信又对撤退部队进行整编，并准备转道进攻虎门。

此后，朱执信又发动"袭击肇和舰"等反龙武装活动，但这些活动均在不同程度遭到失败。不过，龙济光虽数次镇压了革命党人的举义，但他也的确感到革命党人力量的强大，难以对付，自身统治受到极大的威胁。不久，李耀汉部在肇庆通电反袁，并以中华革命军为友军，钦廉、潮汕驻军相继宣布独立，广西督军陆荣廷宣布参加护国军。此时的龙济光四面受敌，为了自保，他最终于4月6日宣告广东独立，脱离袁世凯政府的控制。

然而，龙济光宣布独立后，仍旧加紧征剿中华革命军和其他民军。龙济光一面致电广州陆荣廷、梁启超，让他们劝阻中华革命军和其他民军不要继续进攻各地济军，一面直接命令中华革命军和其他民军不得再行招兵，凡在广东独立以前成军者，一不能夺缴各地陆海军的枪械，二不能截船，三不能前来省城，如擅自进城，则以土匪论处，严于痛剿。龙济光还派兵围剿广东各地的中华革命军。

龙济光不遗余力打压革命党人，甚至出现了震惊全国的"海珠凶杀案"。4月12日，龙济光邀请各方代表，以讨论停止党派争端、停止民军进攻省城、民军与警卫军合作等问题为名，在广州海珠召开善后会议。龙济光方面和革命党人方面在会议上产生摩擦，随即秩序大乱。龙济光的部将开枪射击，整个会场瞬间血肉横飞，最终造成多名革命党人殉难、重伤。

龙济光对革命党人痛下杀手，革命党人亦不示弱，各地民军纷纷起事。龙济光深感民军数量之多，内心畏惧，决定议和。4月下旬，朱执信与龙济光商量停战协议。然而，龙济光却不是真心议和。面对革命党人开出的条件，龙济光肆意歪曲，对公众进行舆论欺骗。朱执信对龙济光方面十分失望，对其进行批驳："龙氏自愿北伐，又岑西林亦允来粤，如此则各事北伐，本不相妨。编练由弟自编，地点由龙让出，始有调和余地。今者龙氏仍踞粤督，无意北征，则提携之路已绝。不自让出地点，而欲移我军入任君鹤年所占区域，则可证其非出诚心。由斯以言停止之事，正亦难允也。"

和谈不成，革命党人再次集中力量，誓死讨龙。为了讨龙，朱执信努力团结一切可以团结的力量，派专人常住肇庆同护国军代表岑春煊密切联系，共同商议讨龙的步骤。经计划，朱执信决定兵分东、西、北三路，直取广州。东路为朱执信、邓铿所率领的中华革命党，西路为陆荣廷所率的桂军和李耀汉所率的肇军，北路为李烈钧所率的滇军。6月中旬，由朱执信、陆荣廷、李烈钧率领的东、西、北三方面兵力包围广州，龙济光陷入四面受敌的困境。另一方面，袁世凯已于6月6日因尿毒症不治而亡，龙济光无法求助，最终溃败。同年10月，龙济光交出广东军政大权，退出广州，广州的讨袁运动终于取得胜利。

讨伐龙济光的斗争，历时数年，在整个反袁运动中起事最早，有着反袁先锋的重要作用。朱执信和邓铿是这场斗争的核心领导人，是他们的不辞劳苦、置生死于度外，才使得革命党人的胜利有了重要的基础。胡汉民曾评价朱执信道："执信悉力经营粤事，时往来于港沪间，龙济光之蹶于粤，执信之力为多焉。"朱执信捍卫民主的功绩和大无畏的革命精神，将永被历史铭记。

襄助"护法运动"

1916年6月6日，袁世凯去世了，然而国内的局势依旧不安定。黎元洪继任大总统，段祺瑞出任国务总理，北洋军阀的势力依旧强大。段祺瑞掌握军政大权，并组成"督军团"，加强其自身力量。1916年7月6日，北洋政府下令把袁世凯在世时称为将军的各省长官更名为督军。部分督军为争夺权力而暂时聚合组织成了一个松散同盟，称为督军团。段祺瑞借着"督军团"向黎元洪施压，发生了"府院之争"，段祺瑞于1917年5月下旬被黎元洪免职。接着，段祺瑞的支持者在各省宣告独立，趁此组织北伐军，北上打击黎元洪。瞬时间，中国陷入更加混乱的局面。

与此同时，在上海的孙中山立即与朱执信、章太炎、程璧光、陈炯明等商定护法事宜。6月5日，朱执信见此北洋军阀挑起内战的情形，与章太炎、胡毅生联合通电，"以三事昭告天

1917年7月，张勋复辟时悬挂的大清门匾

下"，而这"三事"被刊载到6月7日的《时报》上：

一曰将吏本中央所任，弁髦明令，则位号非所得据。自叛
首独立以后，凡在国民，及其部下将校吏士，不应认为督军省
长，当竭股肱之力，以遏乱流。强者举兵，弱者抗税，匹夫有志，
惟所堪任。

二曰将吏游客，有为叛人主谋、受其调遣者，是为赞乱，
悉以逆党视之。

三曰专门一方，有力能讨，而坐视邻省之变，束手玩寇，
或又昌言调和，为之游说，以挠国会元首之大权者，是谓奖乱，
亦总以逆党视之。

孙中山将"三事"昭告天下后，局势仍旧动荡。各派人物
纷纷你方唱罢我登场，政治局面混乱不堪。

6月6日，孙中山也通告陆荣廷及西南各省督军、师长，呵斥倪嗣冲宣告安徽独立，责其为叛军首领。面对倪嗣冲的反叛，黎元洪电请张勋出面调停。然而，张勋却率五千辫子军入京，迫使黎元洪解散国会。6月30日，张勋入清宫召开"御前会议"，决定发动复辟，恢复清帝国。7月1日，张勋穿上清代朝服，拥戴12岁的溥仪"登基"，改"民国六年"为"宣统九年"，恢复清末官制。他还通电全国改挂龙旗，自任首席内阁议政大臣，兼直隶总督、北洋大臣。这就是历史上的"张勋复辟"。

然而，在那个混乱的时代，军阀眼中并没有所谓的"主义"，只有个人势力与利益的争夺。7月12日，段祺瑞借反复辟为名攻克北京，赶走张勋，溥仪再次宣布退位。

"帝制"仅维持了12天，"复辟"最终成为一场闹剧草草收场。紧接着，段祺瑞以"再造民国"的元勋自居，出任国务总理兼陆军总长。段祺瑞的统治依旧黑暗，他对外出卖国家主权，对内取消约法和解散国会，镇压革命运动。可以说，段祺瑞走的还是袁世凯的路子。

面对这种情况，孙中山深刻地指出，当今变乱，"非帝政与民政之争，非新旧潮流之争，非南北意见之争，实真共和与假共和之争"。8月25日，孙中山在广州召开国会非常会议，议决建立一个反对段祺瑞政府的中华民国军政府。9月1日，国会非常会议选举孙中山为中华民国海陆军政府大元帅，陆荣廷、唐继尧为元帅。即日，孙中山表示自己会竭尽股肱之力，攘除奸凶，恢复约法，实现自己未尽之责，雪洗几年来没有取得成功的耻辱。9月10日，护法军政府正式成立，孙中山就任大元帅职。在军政府中，朱执信主持秘书处的工作，除处理枢机事务外，还负责军事的联络。

时代混乱，各派人物皆怀有自己的小心思。陆荣廷本想借孙中山的势力，与北京政府讨价还价。当得知孙中山南下的目的在于护法时，他便百般阻挠，公开反对革命党人另组政府。此时，唐继尧也拒受元帅职，护法军政府的军事力量只剩下海军和李福林的福军数营，护法运动陷入停滞的状态。无奈之下，孙中山拟再建立一支政府军。

为组建政府军，孙中山要求广东省长朱庆澜以省长亲军司令的名义，拨20营给陈炯明指挥。最终，朱庆澜勉强答应将20营军队交给陈炯明，但必须以援闽名义，开赴闽南。孙中山采纳朱执信的建议，命令陈炯明于1917年12月2日就任援闽粤军总司令一职。不过，考虑到护法军政府武装力量依旧不足，孙中山又把着眼点转向地方军队和组织民军方面，而主要承担这一任务的就是朱执信。经过仔细的分析，朱执信积极调动一切可以团结的势力，他一方面亲自前去争取李耀汉，另一方面又派邓荫南、陆丹林等分赴各地设立秘密团体，着手编练、组织当地民军。

在朱执信的努力下，革命党人的武装势力渐渐壮大。有了军事实力的支撑，革命党人开始策划"炮击莫荣新"的革命活动。

莫荣新是当时的广东督军，他听命于桂系头子陆荣廷，诋毁军政府为"空头政府"，视军政府为无物，还枪杀军政府派出的组织员或民军头目。

鉴于西南军阀破坏护法运动的罪行，孙中山决定用武力反击莫荣新。1917年11月，孙中山密令所属海军驻广州省河舰只做好战斗准备，同时命令帅府各陆上部队候海军发炮后即起而响应。此时朱执信奉孙中山之命，直接指挥驻广州河南的李福林部队。后因炸药受潮，轰而不响，计划最终流产。

革命党人毫不气馁，决定再次炮击莫荣新。1918年，孙中山先后同海军总长程璧光、同安舰长温树德、豫章舰长吴之馨商讨，准备调遣军舰，惩治莫荣新。经过商议，具体步骤如下：孙中山亲督同安舰长温树德开航，豫章舰跟进，抵中流砥柱炮台①后，即令停航发炮；肇军在听到炮声后，立刻出动，包围督军署，缴纳桂军枪械，捕捉莫荣新；朱执信率福军渡江策应，并于事先调福军两连及炮两门以便响应。

---

① 中流砥柱炮台：即马当炮台，道光二十年（1840），英军进攻上海宝山后，直逼南京，清政府下令沿江建筑炮台防守，马当炮台修建自此始。炮台位于江面狭窄、水流湍急的地方，地势险要，是兵家必争之地。1912年10月29日，孙中山亲临马当视察，亲笔书写"中流砥柱"四字，刻于矶头岩石上，因此又被称为中流砥柱炮台。

1918年1月2日深夜，革命党人依计划而行。朱执信在听到孙中山亲督的同安舰炮声后，立刻率领福军出动。然而李耀汉却在此时变卦，不响应海军的炮击。李幅林担心孤掌难鸣，遂向朱执信请求中止。经过朱执信的仔细分析，福军停止出动。紧接着，朱执信迅速乘船前往中流砥柱炮台，向孙中山详细汇报突发情况。最终，孙中山命令温树德停止发炮，率军舰回帅府，第二次炮击莫荣新的战斗就此结束。然而，炮击莫荣新的计划虽然落空了，但是让莫荣新看到革命党人的力量，对海军极为畏惧。不久，莫荣新亲自到大元帅府谢罪，并答应按月资助军政府经费。

反击莫荣新的活动虽然取得一定成果，但这也使朱执信暴露在危险之下。然而，朱执信并不畏惧，他不但没有听从友人的建议逃离广州，反而还从事起了暗杀活动。朱执信在广州的暗杀活动，极大推动了护法运动的进程。

1918年5月4日，孙中山在陆荣廷、唐继尧等人的迫使下，辞去军政府大元帅职，护法运动遭受极大的挫折。不过，在这样一个军阀心怀鬼胎，人命微贱的乱世，革命党人能够坚守民主共和的理想，为之不懈奋斗，无疑是可贵的。

吴玉章在回忆录中说："在辛亥革命以前，我们曾经抱着一个美丽的幻想，以为革命后的中国一定是一个民主、独立、统一、富强的国家。但是现实嘲弄了我们，中国人民所碰到的不是民主，而是袁世凯的专制独裁；不是独立，而是帝国主义的侵略和欺凌、吞食和鲸吞；不是统一、富强，而是军阀们的争权夺利、鱼肉人民。"革命胜利之后，人们设想的富强民主没有出现，仍要与军阀以及它们勾结的帝国主义做抗争，人民依然生活在水深火热中。在这样的艰苦岁月里，资产阶级革命党人反对军阀独裁，捍卫民主共和，为时代寻找出路。护国运动虽然最终失败了，但是革命党人自我牺牲的英雄主义气概却会长存。朱执信说："孙中山是党魁，愿为党死；我是党员，愿随党魁死，其他利害在所不计。"抱着必死的决心去参加革命，朱执信将为捍卫民国革命果实不断奋斗。

建设漳州

襄助护法后，朱执信又参与到协助援闽粤军建设漳州的工作中来。

1917年10月，第二次南北战争在湖南战场呈胶着状态，北洋军阀又派兵从福建进攻潮汕，广东告急。当时的广东省长为朱庆澜，他在辛亥革命时曾任陆军统制官在四川反正有功，被举为四川军政府副都督，1916年被黎元洪任命为广东省长。孙中山派人同他商量，希望他能拨出省长亲军20营，由陈炯明率领开赴福建。在桂系军阀的牵制下，朱庆澜感到不能有所作为已有不满，再加上胡汉民、汪精卫的极力劝说，朱庆澜最终答应了孙中山的请求。他从40营省长亲军拨出一半交给陈炯明，并委派陈炯明为省长亲军司令。这支分拨出来的队伍，就是日后的"援闽粤军"。

12月3日，孙中山以援闽粤军的名义，命令陈炯明率部队立即开赴潮汕，并派许崇智、邓铿等主要军事干部相助。次年1月15日，孙中山勉励援闽粤军将士，立志再造共和。25日，陈炯明发表援闽粤军出师通电，胡汉民代表孙中山送行。2月13日，孙中山致电敦促陈炯明攻闽。到了8月上旬，援闽粤军进入福建境内，先后占领龙岩、漳州、汀州等地。革命党人极度重视这一带地区的建设，力图将闽南变为复兴国民党的根据地。漳州，位于福建重要位置，自然成为革命党人建设的核心地带。

孙中山极度重视漳州的革命势力建设。

首先是军队建设。援闽粤军刚成立的时候，将原来的20营改编为若干支队，每支队管辖二至四个营。支队番号建制人选为：第一支队司令李炳荣，辖三个营；第二支队司令许崇智，副司令关国雄，辖四个营；第三支队司令罗绍雄，辖三个营；第四支队司令邓本殷，辖三个营；第五支队司令洪兆麟，辖三个营；预备队司令熊略，辖两个营；游击司令徐连胜，辖两个营。可以看出来，当时援闽粤军虽有一定基础，但是势力还是不够庞大。攻进福建之后，革命党人势力迅速扩充，陈炯明的军队已经扩到108营。8月31日，援闽粤军正式将设立司令部于漳州，漳州成为福建革命的心脏地带。紧接着，以漳州为中心，革命势力在不断扩展。孙中山虽然用度吃紧，仍然每月筹饷6万交给援闽粤军，保证他们的军费开支。在各方支持与努力下，援闽粤军英勇作战，经过10个多月的奋战，打败福建督军李厚基，占领闽西南26个县，建立了闽南护法区根据地。

除了军事建设，革命党人还注重漳州地区的经济、文化建设。为了进行漳州地区的社会建设，孙中山派遣朱执信、戴季陶、廖仲恺、胡汉民、邹鲁等人常常往来于上海和漳州之间，一方面协助训练援闽粤军，另一方面在漳州进行文化教育宣传。陈炯明身负才华，有些自傲，不将别人放在眼中，却独独钦佩朱执信。朱执信来到漳州，经常在司令部与陈炯明交流，和他一起讨论学问，教育他注意新思潮的发展。朱执信还经常亲身深入到士兵当中，向他们宣传革命道理，为大众进行思想启蒙。

在漳州，朱执信多次提出建议，希望在漳州多招致新文化运动中坚分子，刷新教育，编印书报，改变社会风气，提高民众知识，最终建立起一个健全的独立共和自治区。采纳朱执信文化建设的建议，陈炯明于1919年12月1日在漳州创办了半周刊《闽星》，其宗旨为"以福建为圆心的起点，做新文化运动"。陈炯明在发刊词中说，刊行《闽星》，以"介绍世界新潮，阐明吾党主义，帮同社会上同志，为新文化的运动，即为思想界的改造，使人人都随着我们在进化线上走去，知道世界的演进"。朱执信先后在《闽星》上发表了《社会与忏悔》《杂感》《改革者的双重义务》等文章。胡汉民、汪精卫等也都在《闽星》上发表政见。

《闽星》半周刊主要是对学理、学说的介绍。为了进一步扩充内容，结合实际，1920年1月1日，《闽星日刊》创刊，内容多载世界要闻、地方要闻。

在这次文化运动中，朱执信又起到先锋作用，他提出的很多观点都让人警醒。朱执信说："从来改革社会，都是少数人做出来的；等到多数的人，都了解了这一种改革的必要，实行起来的时候，已经是改革成功的时候了。到了这个时候，又有第二个改革要来了；又有新的改革社会的少数人出现了，社会的进化，是一定如此的。不甘做改革的人，不甘做附和人的人，一定要负这两重的义务。"因此，每个改革者都要对过去的社会尽义务，也要为新社会尽义务。此外，他还提了很多观点，例如反对帝制不能仅看言论，要看他的行动等，都引人深思。

文化建设不能止于思想宣传，一些基础设施的建设同样对文化普及起关键作用。因此，在宣传革命之余，朱执信等人还协助陈炯明建设漳州公园、图书馆，拓展街市，修筑马路，整顿治安等事宜，并派遣83名学生分别赴英、法、美、日等国留学。

朱执信在漳州的建设中起到重要作用，漳州的建设几乎离不开他。1918年12月底，朱执信应粤桂双方之请，离开漳州，准备返回广州解决粤桂双方的冲突。然而，就在朱执信走后的次日，援闽粤军第一师师长邓铿、第二师师长洪兆麟与黄大伟，便给孙中山写信，衷心希望朱执信先生能够回到漳州，为漳州的建设继续贡献力量。从这封信中，我们能看到朱执信的重要地位：

此次粤军援闽，纯以先生护法救国之主张为标准，无论如何困苦，终以忍耐为归属。今全国和平声浪正高，如使草率了事，将来必蹈辛亥丙辰之覆辙。铿（邓铿）等再三筹划，以为吾党异日不欲问国事则已，如再问国事，吾党当有深远计划。凡属先生之左右人物，切当来此相助为理，务使粤军现有势力完全集存，将来作事自有基础，先生以为如何。执信兄为吾党之健者，竞公（陈炯明）有许多要事须借执信兄之力，始能解决。不料执信兄，突于日昨离开漳州。据云将往广东，铿等力留无效，务祈先生专函执信兄，催其复来漳州赞助为要。

漳州的建设，成绩斐然。1920年5月1日的北京大学学生周刊将漳州誉为"闽南的俄罗斯"，赞美其"共产时代当亦不过如此"。1920年12月，共产国际的机关刊物《共产国际》刊文称赞漳州"是中国南部革命的中心"，"是中国革命青年和社会主义者的朝圣地"。连德国报纸也赞誉漳州是东方一颗明星，正在放出光芒。我们无法忘记，在这些漳州建设功绩的背后，有朱执信的一份默默付出。

粤军回粤

粤军援闽，在福建取得可喜的成就，然而广东本营却后方失火。

桂系军阀陆荣廷、岑春煊等人借口"护法"之名，打压异己，将孙中山排挤出广州，使得广东完全变成桂系军阀的领地。纵观革命党人抗争的过程，我们看到，广州一直是革命党人发动、指挥全国革命活动的策源地，几乎可以算得上是革命党人的"老家"。看到广州被桂系军阀占领，孙中山、朱执信决定将援闽粤军调回广东，驱逐桂系军阀，夺回革命根据地。

1919年2月20日南北议和在上海举行。南方军政府代表为唐绍仪，北京政府代表为朱启钤。然而，这次议和却由于国内外势力的干涉，无果而终。5月份，南北议和破裂后，皖系军阀联络国民党，准备反击直系军阀和桂系军阀。6月，皖系闽军李厚基与援闽粤军达成"粤闽划界停战协定"。1920年3月，革命党人夺回广东的时机成熟了。李烈钧与桂系军阀发生冲突，遂决定联合援闽粤军共同对抗桂系军阀。有了皖系军阀的帮助，革命党人夺取广州的胜算就多了几分。为了商讨事宜，朱执信和邓铿赴厦门参加与皖军的会谈。但是这次会谈结果并不理想。对此次会面的情况，朱执信在给孙中山的信函中有所详述：

臧乃言六八弹须待段，七九、六五弹仍须待李复基电，机枪及炮则无（但允求之段），其交付时日及地点均不能置答。而借兵一节，则以竞（陈炯明）意须将拔来之兵改粤军号，归竞指挥，故臧亦不允，于是交涉并无结果。

其时李厚基又派一咨议余筹来，言愿极力帮助。及细问其所讲帮助者，彼乃言觉民言总司令欲回潮州，李督自然于交战后缺子弹时源源接济，并且不止希望总司令回潮州，实希望其回广州。其时竞存与仲元告以非先得子弹不能发动之意。筹言如此则前后说话不相符，恐难取信，又无结果而去。现竞存拟派仲元、汝为（许崇智）往福州，与李商量，将吾人所能牺牲者尽数说明，彼所能助者于何时期何地能交付若干，亦一一订定。

革命党人想要收回广州的心情万分急切。孙中山为了收回广州，在1920年6月与段祺瑞达成协议：粤军在闽南防地交给闽军接管，闽督接济粤军军费50万元，子弹600万发，帮助援闽粤军回粤。然而，尽管孙中山、朱执信等人都坚持回粤，革命党人内部却还是有一些反对的声音，而这也大大影响了返粤进程。

反对粤军回粤的重要人物是陈炯明。当时，陈炯明是援闽粤军总司令，他的反对使得反粤活动停滞不前。例如，1920年春，当滇系、桂系军阀发生冲突时，孙中山就敦促陈炯明进兵东江，立扑广州。可是，陈炯明却以弹械缺乏为理由，眼睁睁错过了回粤的时机。陈炯明这样的态度，让朱执信非常不满。

朱执信做了很多努力，他多次催促陈炯明回粤，并按照孙中山的嘱托给陈炯明以经济帮助，然而陈炯明就是不听，白白错失了很多时机。陈炯明不愿回粤的态度十分坚决，朱执信对此感到相当愤怒。1920年7月，朱执信在给孙中山的信中说道："此次到港，本意（李）福林处有可运动，或能一为帮助，然到港则事已无可为，福林为人非空口所能动也。竞存处力量费尽，疲玩如故，此际感情已伤，留亦无益，故决计先求沪，一陈彼间情况，俟见哲生（即孙科）兄后即行。"

尽管回粤计划遭到种种困难，朱执信仍旧没有放弃。为了调动起其他武装力量，朱执信协助周之贞、何克夫在新会、江门等地发动了救粤军起义。他一方面策动李福林等向桂系实行兵谏，另一方面又与古应芬、胡毅生等建立组织，运动各县民团，并用典论以振人心。

没有多久，迫于压力，陈炯明也不得不支持粤军回粤了。1920年8月11日，桂系军阀莫荣新借直皖大战之名，进攻福建。陈炯明于次日誓师，以"粤人治粤"为口号，兵分右、中、左三路回师伐桂。在这时，朱执信一方面奉孙中山之命，出任讨伐桂系莫荣新军总指挥，主持伐桂事宜，另一方面，还负责讨桂前线指挥部与上海孙中山总部的联络。此外，他还秘密由美国购来军械，以备攻打虎门。作为讨伐桂系莫荣新军的领导人，朱执信很快进行部署：朱执信本人负责策动肇军，胡毅生负责策划魏邦平、李福林两军。在朱执信的推动下，广东各地民军纷纷亦响应，参加到讨伐桂系的战争中来。在这样的形势下，粤军士兵势如破竹，一口气攻大埔、蕉岭、梅县等地，直逼惠州城下。

第五章　新思想

与时俱进

革命党人一次次举事，然而失败也接踵而至。辛亥革命虽然成功地推翻了清王朝，可是结局却是革命果实的岌岌可危。朱执信作为重要的革命派理论家，在面对失败的同时，也在不断反思，并且随着时代发展接纳着新的思想。

1917年11月7日（俄历10月25日），十月革命爆发了。十月革命打破了资本主义的包围，它是人类历史上首次获得胜利的共产主义运动，拉开了20世纪国际共产主义运动的序幕。十月革命的胜利无疑产生了巨大的影响，它不仅极大地震撼了资本主义世界，更深切地鼓舞了世界各地的无产阶级革命者与被压迫者，让世界人民看到建设共产主义国家的可能性。

十月革命胜利的消息一传到中国，亦是一石激起千层浪。

赞扬十月革命，研究马克思主义的人如雨后春笋。朱执信虽然信奉三民主义，但是他并不守旧，而是与时俱进，不断接纳吸收新的思想。在这一时期，他也开始热情地赞扬、研究十月革命，先后发表了《匈俄苏域政府的兵》《倒叙的日俄战争史》等文章。

首先，朱执信把十月革命的胜利归结为一次思想的胜利。

通过对俄国与德国关系的论述，朱执信总结后认为：思想的力量最为强大，它可以战胜一切。思想之所以有此威力，乃是由于"人民之意志受其感化"的结果。朱执信认为："无论现在吾人赞成俄国过激主义与否……而以有主义之民意推倒武力，已成为不可隐之事实。"可以看到，在俄国与德国的谈判中，俄国虽然在武力上败给德国，但在主义上一定会征服德国。此后不久，德国人民受俄国之影响，没用几天就推翻了德国皇帝四百年的统治。有了主义的支撑，俄国军队势如破竹，做出了伟大功绩。朱执信把日俄武装斗争与1904年日俄战争作出比较，认为俄国军队这次胜利的关键在于"俄罗斯人觉悟了"。1904年的日俄战争，日军长驱直入，而俄国军队一步步后退，要回到西伯利亚去了。然而这一次，却是日军从西伯利亚西郊一路缩回来，差不多也要退出俄国的境界。为什么前后差距这么大？这就要归结到思想的重要性了。俄国人有觉悟，有主义，而日本人只是将近觉悟，这就是俄国胜利的原因。

其次，朱执信赞扬了俄国赤卫军与农民的友谊。

朱执信将中国军队与俄国赤卫军对比后发现，军队与农民结出友谊是俄军所向披靡的重要原因。总结俄军的经验，朱执信认为军队除作战以外，还应当积极融入人民群众当中，士兵们可以过着与农民无异的生活，最终达到二者互相亲睦的状态。其他预备兵，家中都有武器，需要的时候，便可以出征战斗。在朱执信的构想下，全民皆兵，这样的军队将有着可怕的战斗力，形成巨大的军事力量。朱执信呼吁中国尽快行动，与其临渊羡鱼，不如退而结网，应当立即仿照俄国军队模式，组织创建新式军队。

　　最后，朱执信还高度赞扬列宁领导十月革命的丰功伟绩和忘我工作的革命精神。列宁对待工作十分投入，虽然他知道工作时间不能过多，并且从不对别人安排超出工作时间之外的活，然而列宁对自己安排活动，却毫不吝惜。在列宁眼里，十小时以下的"工作的权利"已经近乎于无，十几小时的劳动对列宁来讲就像是义务一般。朱执信本就是一个认真负责，甘于吃苦的人，列宁对待工作的态度与朱执信的工作精神十分契合，朱执信对此有惺惺相惜之感，直夸他是"吃苦辞甘的好人物"。朱执信认为列宁的劳动包含着砸碎旧社会和建设新社会两方面内容。由此，他划分出"两重义务"："在一方面说，可以叫做对于过去社会的义务，因过去社会才需求他尽这种义务。在另一方面说，可以叫做对于将来社会的义务，因为他要尽这种义务，才能够产出新社会。"朱执信对列宁的赞扬是极高的。

朱执信对十月革命的歌颂与对马克思主义的介绍，无疑牢牢把握住了时代的脉搏。毛泽东在《论人民民主专政》中说："俄国人举行了十月革命，创立了世界上第一个社会主义国家。过去蕴藏在地下为外国人所看不见的伟大的俄国无产阶级和劳动人民的革命精力，在列宁斯大林领导之下，象火山一样突然爆发出来了，中国人和全人类对俄国人都另眼相看了。这时，也只是在这时，中国人从思想到生活，才出现了一个崭新的时期。"十月革命的影响是巨大的，朱执信独具慧眼，也是看到了十月革命值得学习借鉴之处。朱执信说："在有民国以来，到现在，总要算这个时候最有光明，最能够鼓舞作事的人的兴会。"不像一般的革命者，朱执信并不是泛泛而谈，而是对马克思主义和十月革命做了深入细致的研究。这些有深度的见解将充分见证着那个时代，沉淀进革命党人的思想宝库里。

参与五四

在十月革命送来马克思主义后，中国大地上也在酝酿着一场巨变。

在巴黎和会上，中国政府作为战胜国，要求取消"二十一条"不平等条约。然而，这个合理的要求却遭到拒绝，在帝国主义的操控下，德国在山东的特权还被转让给日本。面对这不平等的合约，北洋政府准备屈服，然而中国人民却愤慨不屈。1919年5月4日，五四运动爆发了，青年学生们聚集在一起，进行示威游行、请愿、暴力对抗政府。同时，广大群众、市民、工商人士等中下阶层人士积极响应，文界也参与其中。五四运动是中国革命史上划时代的事件，它是中国从旧民主主义革命到新民主主义革命的转折点。

五四运动的影响是深远的，它波及中国思想文化、政治发展、社会经济潮流、教育等诸多方面。朱执信诚挚地欢迎五四运动，并对其进行热情洋溢的赞美。

朱执信极大地肯定了五四新文化运动。

朱执信和蒋介石通信中曾说道："弟现在观察中国情形，以为非从思想上谋改革不可。放决心以此后得全力从事于思想上之革新，不欲更涉足军事界。"在朱执信看来，思想的改变是至高无上的，思想启蒙所带来的巨大力量是难以估量的。在这一时期，朱执信乘着新文化运动的时代浪潮，创作灵感得到井喷式的爆发。

受孙中山的影响，革命党人对五四运动表现出极大的热情。紧跟新文化运动，革命党人创办了《星期评论》《建设》等杂志，并将《民国日报》改用白话文发行，另增设"觉悟"一栏。以这些杂志为阵地，朱执信、戴季陶等革命党人纷纷著书立说，提倡世界新思潮，受到当时思想文化界的极大重视。在这些人物中，朱执信无疑又是最突出的代表。朱执信在这一时期发表的文章不仅数量多，形式也相当广泛，无论是长篇的论文、短篇的时评，还是新诗、小说，他都有所涉猎。此外，朱执信印刷、主编的《建设》杂志，采用新式标点，探讨国家建设大计，宣传爱国救民的新方法、新学说，一直保持着较高的水准，受到群众的喜爱。从一两个数字可以看出这份杂志的受欢迎程度：杂志刚发行时仅有3000份，然而没有多久，就增至到13000份。

朱执信赞扬了青年学生在运动中的重要作用。青年学生热血爱国，然而守旧的家庭却多有反对。朱执信对待学生的激进行为持赞成态度。在《学生今后之态度》一文中，朱执信不赞同"学生罢课影响学习""不利于国家"的言论，对学生运动持支持的态度。他表示，求学固然可以为救国之手段，但却不一定是唯一的手段，而且求学也是为了救国。但这里有个问题，即学校是否真的能传授救国学问呢？救国离不开实践，救国的学问也不止一条。再进一步说，学生兼有国民的资格，在国家危难之时，理应当奋起救国。学生虽然没有经济基础支撑，但是他们的罢课活动依旧有巨大的影响力，能够感动国民。学生群体没有成年人那样世故，他们有自己的理想坚持，政府即便用金钱也无法收买，即便用武力也不能使之屈服，他们请愿只为民意。这样单纯的爱国行为是很多人做不到的，因此爱国青年学生应是最受爱戴和敬佩的人。

除了学生，朱执信还高度重视工人阶级的作用。在学生罢课的同时，工人阶级也开始了罢工活动，自此工人阶级也登上了政治舞台。工人们的罢工直接使国民生产陷入停滞的状态，爆发出巨大的政治能量。也正是靠着工人阶级，五四运动才能最终取得胜利，惩办了曹汝霖、章宗祥、陆宗舆等一批卖国贼，并成功达到拒签巴黎和约的目的。除了意识到工人阶级的重要性，朱执信还用他长远的目光，建议学生运动时要注意与工人阶级结合起来。五四运动如果仅靠少数知识分子，是不会取得成功的。只有与广大人民群众紧密联系，让各个阶级的人都参与进来，才能爆发出强大的力量。

在肯定之余，朱执信也清醒地指出五四运动存在的一些问题。

朱执信说道："现在中国思想，是顶混乱的。……新的学说，没有完全输进，而且人家用过的废料，试过不行的毒药，也夹在新鲜食料里头输进来了。"五四运动虽然带来一场巨大的思想解放潮流，然而，当国家主义、个人主义、世界主义、马尔萨斯主义等涌进人们视野时，也造成思想混乱的局面。朱执信呼吁人们要仔细辨别这些思想，不能人云亦云、浅尝辄止，要有自己的深入研究和理解，莫要空谈。只有真正了解了这些思想，才能找出真正救国的良方。

革命的任务是"推倒"，同时也是"重建"。朱执信无疑抓住新文化的契机，在思想领域进行了一次大刀阔斧的"重建"。朱执信用发展的眼光审视五四新文化运动，宣扬民主科学。他推荐读者阅读《新青年》等进步书刊，为国民灌输爱国思想。可以看到，朱执信在受到五四运动鼓舞的同时，他也鼓舞了广大的人民群众。

重新阐释三民主义

随着实践的发展，孙中山提出的三民主义渐渐暴露出一些问题。经过十月革命和五四运动的洗礼，朱执信也开始对三民主义进行深刻的反思。

在对民族主义的阐发上，朱执信补充道：对内，要五族共和，各兄弟民族一律平等；对外，要反对帝国主义，支持民族解放运动，主张民族自决。

朱执信对过去"排满"的民族政策进行反思，提出"民族自决"的原则。过去三民主义提出"驱除鞑虏"，包含着强烈的大汉民族主义思想。排斥满族，仍是违背了平等的精神，民族压迫仍然存在。朱执信说："以多数民族的主张，强迫少数民族绝对服从，这是违反民族自决精神的，就是违反公理的。所以满、蒙、回、藏的人民的意思，我们万不可不尊重他。"因此，要正确地处理民族关系，就要坚持"民族自决"的原则，在处理民族间的问题时，要尊重各个民族的意志，绝不以汉族意志为转移，决不将汉族的主张强加于其他少数民族的身上。真正的共和应该是"五族共和"，朱执信告诫人们要摆脱狭隘的民族主义。

除了号召国民对内要各民族平等，让同胞们团结在一起，朱执信亦主张对外要有世界眼光，让全人类团结在一起。经过深刻的思考，朱执信对帝国主义有深入的认识。看到第一次世界大战中各国的表现，朱执信认为，英法等国家已经不仅限于是"国家主义"了，这些列强通过"军国主义"，进化到了"帝国主义"阶段。这些帝国主义列强都是一丘之貉，它们的本质都是侵略主义。朱执信说道："帝国主义，则为以一国民为基础，推其权力及于他国民之上。以一国民统一无数国民。故其主义为不容并立之主义，为必然侵略之主义。"因此，这些帝国主义国家虽然口中标榜自由、民主、平等、博爱，但实际上不过是欺人之谈。朱执信对帝国主义的罪行进行深刻的揭露。他指出，第一次世界大战的爆发，不过是帝国主义之间矛盾白热化的具体表现。而所谓的巴黎和会，不过是帝国主义间重新瓜分世界的分赃会议。所以，必须强烈反对帝国主义。同时，朱执信也充满信心，他表示帝国主义必然会灭亡，它们的侵略不过是自掘坟墓，在各被压迫民族的联合、反侵略运动的兴起下，帝国主义定然不会长久。

在对民权主义的阐发上，朱执信集中解释了孙中山所提的"直接民权"理论。

在旧三民主义中，孙中山虽然提出了民权，但没有上升到一种普遍的民权高度上。在军阀统治的现实下，孙中山认为必须改变政体，将"直接民权"作为救国救民的新方案。朱执信揭露军阀的黑暗统治，译介西方"直接民权"的著作，大力宣传全民政治理论。

分析中国现状，朱执信认为南北军阀本是一丘之貉，都蔑视民意，丧权卖国。"废国会而到立新国会者，段祺瑞也。挟国会以令西南，而又不尊重国会之意思者，岑春煊也。皆军阀也，皆有对于民国约法为谋叛之罪者也。凡一切卖国行动，皆自此不尊重法律之军阀始之。"国家的主权应该属于人民，民权要真正落实到每个人身上，就要反对军阀，迅速建立起一个对人民更好的秩序。要建立起这个秩序，就要做到三个方面：第一是恢复"民尊官卑"的秩序；第二是恢复"言论自由"的秩序；第三是恢复"集会结社自由"的秩序。这三个秩序是中国民主进程中急需恢复的三个最基本的秩序，只有这三个秩序恢复了，改革才能有了成功的基石。朱执信号召人民奋起抗争，打破旧秩序，建立新秩序："秩序是永远有的，永远的秩序是没有的。永远有秩序，所以革命是改造，不是毁灭。没有永远秩序，所以世界有进化，有革命，有改造。"反对军阀统治，结合群众"直接民权"的改革，中国才能通向更为光明的所在。

在对民生主义的阐发上，朱执信主张变革分配制度，并再次强调了"平均地权"。

所谓民生，就是要关注人民的生存状态，希望采取措施让人民生活更好。在民生主义的引导下，"实业救国"成为一股思潮，人们纷纷认为，只有将经济发展好了，国家富强了，人民才能生活更好。对于这种思想，朱执信强调国家富强的标准不能仅看经济总量，因为国家富强的标准大部分取决于分配制度："国家富不富，不应该只看总额若干，还要看每人所能受的分配额若干。"仅仅依靠资本家发展民族资本主义，是无法摆脱中国贫困的帽子的。资本主义商人天然会聚敛财富，而一般的工人、中下层阶级者仍会处在贫穷的境地。另一方面朱执信还预言，随着工商业的发展，物价一定会上涨，而工人们可能会比现在生活更加艰难，广大的下层贫苦百姓可能会比现在更穷。因此，如果不改变旧的分配制度的话，民生是无法实现的。朱执信呼吁改变工人的境遇，让他们参与到工厂的管理中来，并主张扶助广大被压迫民众，想办法解决他们的生活问题。此外，要改造中国经济组织，朱执信再次强调"平均地权"的重要性。哪怕"平均地权"的工作十分艰巨，朱执信依旧坚信，通过各方共同努力，这个方案必定会实现，中国的民生问题也将会因此得到大大的改善。

总之，朱执信紧紧联系实际，对三民主义进行了深刻的反思。他在找出旧三民主义不适应现实发展的问题上，又加上了自己的一些独到的见解。虽然朱执信提出的一些观点仍旧有一些不足之处，但是他却为新三民主义的构建打下了坚实的理论基础，对革命党人的思想改造产生着巨大的影响。

第六章　明珠陨落

虎门殉难

这里，风云突变，愁云凝结。

这里，一颗政治明星即将陨落。

1920年，虎门。

在这一年，朱执信被调往虎门，也就是在这里，朱执信献出了他宝贵的生命。

虎门自古以来就是军事重地，它是中国南大门的海防要塞，有"南海长城"之称。1919年，桂军第三旅旅长邱渭南兼虎门要塞司令。邱渭南，又名世助，是广东新兴县人。他原是客栈商人，不懂军事，后来因为介绍肇军合作有功，出任桂军旅长兼虎门要塞司令。粤军回师时，为了迫使桂军屈服，革命党人决定策划虎门独立。1918年，朱执信就已经回到广州，然而在黄花岗一役后，朱执信威名远播，在广州活动就会容易暴露目标，为敌人所发现。考虑到这个因素，朱执信被派往虎门，进行虎门独立的运动。

1919年9月16日，在朱执信和吴礼的努力下，虎门炮台宣布独立。此时，由邓钧率领的民军，在邹鲁的策动下也攻入虎门要塞，收缴桂系军阀冯德辉降军枪械数十杆。邹鲁委任邓钧为虎门要塞司令。降军与民军发生冲突，势同水火。双方都要求朱执信出面调停。朱执信也认为，降军和民军都是为了驱逐桂系军阀，不应该发生内讧，遂准备前往。然而，朱执信还没出门，就遭到了香港许多革命党人的反对。他们告诉朱执信，现在降军内部情形复杂，必须慎重从事，为了保守起见，最好不要贸然前往。朱执信认为，此时广东形势已有好转，若不抓住有利时机，调动各方力量，势必后悔莫及。他说："只要大局有补，个人安危何足计较？"因此，尽管朱执信知道此行如探身虎口，他还是力排众议，冒险前往。

1920年9月21日，朱执信与何振由虎门沙角炮台到龙溪，约请邓钧商议。然而由于冯军的监视，邓钧不便离开，便约朱执信与何振到东校场邓营见面，商议处置民军与降军的枪械问题。经过商谈，邓钧表示愿意缴还所压降军枪械，接受朱执信的调停和建议。然而，意想不到的事情却在这个时候发生了。就在朱执信与何振准备离开之时，冯德辉所部忽然反攻，包围了民军。在枪林弹雨中，朱执信一面后退，一面扬手高呼：

"我是朱执信，我是朱执信，请不要放枪。"然而朱执信的呼喊却没有得到回应，最终不幸被乱枪击中多处，为革命事业献出了宝贵的生命。朱执信逝世的时候，年仅35岁，留有遗孤三女一子，而儿子百新，当时尚在襁褓之中。

关于朱执信牺牲时的情景，1920年10月1日的上海《民国日报》这样写道：

朱执信先生殉义一事，本报早有所闻。嗣因遇难原因未详，故暂未发表。兹据与先生共事某君谈云，虎门自被民军收复，以各事不相统属，当由各军推举先生到虎门主持。朱抵虎后，旋即将攻守事宜布置完备，各军亦俯首听命。讵于二十一日早，突有邓钧其人统率民军百余人，到太平附近，缴去邱渭南所部枪械数十杆，于是彼此激战多时。迨至下午二时许，先生遂派员往各该军司令部调和数次，均无结果，而皆以请先生到各该司令部面商为词。先生乃商请邱渭南所部营长梁某，由电话通知虎门寨，谓先生不久便到，请大家幸勿误会等语。旋偕何君仲达先到邓钧司令部，约三十分外，令邓部所缴之枪支宜交回邱部，以免自相残杀。邓亦遵命交回，欲启程前往邱部，而外间枪声大作，各人纷纷逃避。先生以走避不及，不幸为流弹所中，旋即毙命。其同行之何仲达君在旁幸免，闻朱君濒死时，仍声声以救国救粤为念云。

朱执信的去世不禁让人扼腕叹息！

生命是一条波澜壮阔的银河，它浩浩渺渺地越过天际，用星子铺出无数轨迹各异的道路。人生的选择不可重复，人生的价值选择也难评测，一旦人选择了一条路，便无法再享受到另一条道上的乐趣。然而，人生之路没有对错之分，这条路有这条路的幸福，另一条路也有另一条路的悲伤与欢乐。从幼年时期，朱执信就怀揣一颗爱国之心，拯救中华，拯救国民的理想已经成为一种执念，让他一生去奋斗。朱执信从小刻苦用功，留学日本，本可以在国内谋得一份好职务，平平安安地过完一生。然而，朱执信却决心踏上革命一途，以生命为赌注，为理想奋斗不息。朱执信选择这样的人生之路，无怨无悔。虽然他的生命只有短短35年，然而他却活得畅快淋漓，活出了自己的理想，更为革命事业、中国的建设贡献出毕生的能量。

在朱执信去世后，广东地区的革命形势却日趋好转。李福林、魏邦平两支民军在朱执信生前就交好，他们遵照朱执信原先的安排，于9月27日在广州发动兵谏，积极响应粤军回粤伐桂。十月中旬，虎门炮台派出飞机飞临广州上空，广东各地铁路工人及学生相继罢工、罢课，声援和支持伐桂战争。在各个方面的响应与支持下，援闽粤军于10月22日攻破惠州。面对四面受敌的状况，10月26日，莫荣新迫于压力由英国领事陪伴逃离广州。10月29日，援闽粤军最终攻克广州，标志着孙中山、朱执信所策划的留军回粤驱逐桂系的战争取得了胜利。朱执信没有看到这一天，不得不说是一个遗憾，然而正是有像他这样无数革命者的为国捐躯，才能换回最后的胜利果实。

精神不死

今天，我们来到广州，还会发现当地的一所省级重点中学——广州执信中学。

执信中学

朱执信去世后，革命党人为了纪念其在革命中作出的贡献，特此建立了朱执信纪念学校。1921年10月10日，学校开学的时候，孙中山亲临致词，称颂朱执信为"革命实行家，又为文学家"，同时希望后人将他的革命精神传承下去。

执信中学校徽

在执信中学漫步，似乎仍能感受到人们对朱执信的深深怀念。学校的办公楼叫做执信楼，在它的左面有朱执信的汉白玉半身塑像。夏天来到，一片郁郁葱葱。站在朱执信雕塑旁的树荫下，后人仍受到革命先烈的荫庇。

翻开朱执信文集，我们会看到朱执信的各类著作：评论、诗歌、小说……这些文章中蕴含的深刻思想，是朱执信留给后人的宝贵精神财富。

朱执信感动人们的地方，不仅止于他深刻的思想，还有他热爱国家，为革命抛头颅洒热血的精神。让我们看看他是怎么说的吧：

"岂可不自牺牲，而望之他人乎？"

"人类贪生怕死，是错的。但是贪死怕生，也是错的。人类只知人生有乐，不知有苦，是错的。怕了苦，就怕了人生，那是更错的。将来的哲人，一定要超越生死，超越苦乐，还是不离生死，不离苦乐，这就是解脱究竟。"

执信中学校内的朱执信雕像

"吾本东西南北之人，不自珍惜，亦不耐投闲，冒险杀贼，尚差足以自快，家中视吾为已死可也。"

"譬犹沙煲，有用其煮饭，经岁月而后损害者。又有用以盛炸药，掷向盗贼，随用随毁者。吾则盛炸药之煲也。"

"为将来而牺牲现在者，能使现在有现在以上之价值，故其进步不息。"

"好头颅谁当斫去？"

"以其为一主义所支配，故虽常得生，亦常不避死。合于其主义而不得生，于其生之价值无所损也。以一死而贯彻其主义，则死之前，死之际，所有活动，皆足以增加其生之价值。以其死而能使他人感动奋发，从其主义益为活动，则即死之一事，亦可视为活动之一种。是故为主义而生者，亦为主义而死。为主义而死者，无所恋，无所惜，视死如生，所谓心安理得者也。"

更令人感动，让无数人备受鼓舞、热血沸腾的，是朱执信写的一首名为《毁灭》的诗。诗中写道：

一个明星离我们几千万亿里，
他的光明却常到我们的眼睛里。
宇宙的力量几千年前把他毁灭了，
我们眼睛里头的光明还没有减少。

你不能不生人，

人就一定长眼睛。

你如何能够毁灭，

这眼睛里头的星！

一个星毁灭了，

别个星刚刚团起；

我们的眼睛昏涩了，

还有我们的兄弟，我们的儿子！

1920年9月21日，朱执信的灵柩从虎门运抵香港，易棺重殓，暂时放在东华庄内。朱执信去世后，遗孀和孩子生活艰难。看到这样的情形，孙中山号召国民党人募集善款。在致函中，孙中山写道：

朱执信君，戮力国事，垂二十余年，毅力情操，久为吾党钦仰。此次为翦除桂贼，仓卒被戕，家无宿粮，孤寡堪悯。目前衣食，尚赖诸友之馈遗；将来诸儿教育所需，尤不能不早为筹备。

凡我同志，念执信兄凤谊者，尚祈转为告语，量力相助，毋忘旧交，实深盼望。

12月15日，广州革命政府将朱执信的灵柩运回广州。次

朱执信之墓

年1月16日，朱执信下葬于广州沙河驷马岗，也就是今天的先烈路。朱执信葬礼的情况，在1月24日上海《民国日报》有所记载：

1月16日，朱执信灵柩由宝璧兵舰运载回广州，安葬于广州沙河驷马岗，灵柩由天字码头上岸后置四轮马车乘载，抵达驷马岗坟场。孙中山、唐绍仪、伍廷芳、陈炯明、许崇智等均步行执绋。上午十一时从天字码头出发至下午一时许始抵坟场，举行葬礼。送葬者三万余人。朱执信灵柩下葬时，朱夫人杨道仪抚棺痛哭，扑向家中殉节，嗣经孙中山以身掩护，始免于危，然犹晕绝者再。胡汉民亦因哀伤过甚，晕仆于地。送葬者亦痛哭，场面极为悲壮感人。

朱执信所葬的广州市驷马岗墓园，宏伟壮观。这所墓园占地广达四千多平方米，由墓门、墓道、墓茔、墓碑和墓表等建筑构成，国内广植树木，气势雄阔。然而，由于该处地势较低，遭受水浸，并有白蚁侵蚀，朱执信墓遂于1936年迁葬于执信中学校园内，驷马岗墓则为衣冠墓，此是后话。

在这场悲壮的葬礼上，孙中山、唐绍仪、伍廷芳、唐继尧以护法军政府"四总裁"的名义，以香花清酌之奠，撰文悼念朱执信：

呜呼，执信而至是耶，一柱颓毁，万夫咨哇。惟君之生，钟灵河岳，濯濯须眉、崭崭头角。君之秉德，实毗阳刚。高视阔步，不狷而狂……生死患难，最感余心；倾河注海，有泪沾襟。呜呼执信，而今已矣，朱家亡侠，缓急谁恃？呜呼执信，身陨名称，生则为英，殁则为灵。丹荔黄蕉，长与荐馨。

朱执信是孙中山的忠实战友，朱执信的去世让孙中山如失左右手。在朱执信葬礼上，为了表达哀思，孙中山还单独献了花篮，特此撰文称颂朱执信：

嗟天道之无知兮，哲人早摧。诚民国之不幸兮，失此旷世之逸才。早岁读书兮，既于学无所不窥。惟文章与道德兮，为朋辈所交推。誓以身殉我祖国兮，革命之役无不追随。……生物莫不有死兮，君之死则举世所共悲。山川变其颜色兮，日月失其光辉。世界之奇才必早死兮，若文学界之拜伦，物理学界之赫兹，音乐界之舒伯特，政治界之拉萨尔，前例既历历可举兮，世称为自然界之忌才。惟君之死乃以身殉祖国今，树永久之模范于将来！

胡汉民、廖仲恺、古应芬也合挽一联，写道：

素志向牺牲，觇云孟义孔仁，去君尚远；深交逾骨月，为问韩檠杜棐，后此谁偕？

在追悼大会中，陈独秀亦挽一联：

失一执信，得一广东，得不偿失；生为人敬，死为人思，死犹如生。

朱执信的去世在让人感到心情沉痛的同时，革命也在想办法让朱执信的精神薪火相传。

为了纪念朱执信的功绩，弘扬他的革命精神，激励后人，孙中山倡议兴建纪念图书馆，廖仲恺等人则筹资于1921年10月

10日成立朱执信纪念学校。1923年，在虎门这个朱执信殉难地上，矗立起一座执信纪念碑。这座纪念碑保存至今，于1990年被列为东莞市文物保护单位。几十年风雨变幻，朱执信精神不灭。走近纪念碑，我们仍能看到上面的碑文。胡汉民是朱执信的忠实战友，碑文为胡汉民亲自撰写：

民国九年粤军还粤之役，执信先生以名世异才，为国牺牲，天下惜之！既十二年粤人为立碑纪念。嗟夫！先生文章事业，所在不朽，何待金石。惟此为先生成仁之地，尤动人感慕之忱，则后死者不能无所述。工事告成，众以文字属责，乃谨书之。民国二十一年三月，番禺胡汉民撰并书。

是的，朱执信精神不死。

戴季陶说："近代的中国人当中——革命党当中，有知识有学问的人虽然不多，却也不是绝无。但是像执信这样知识感情陶融为一片的人，真是凤毛麟角！我不敢妄自尊大，却不敢妄自菲薄。我觉得在当今知名的人当中，有许多是我所不屑道的，有许多是和我差不多的，有些是我所能作而不愿作的。如像执信这个人，除了他由文字得来的知识而外，他那知情浑化的风格，真是我所极其羡望而绝学不到的。"伟人已逝，或许就像戴季陶说的那样，我们也许只是羡慕朱执信的品格，而很难做到。但是，我们有理由相信，哪怕人们只是从朱执信忘我牺牲的精神中学到一二，朱执信的精神就不会死去。

胡汉民说："先生（朱执信）是忠于主义的一个人。最革命的一个人，追随着总理（指孙中山）最肯奋斗的一个人。"

忠于主义，奋斗不息。

这八个字基本上概括了朱执信的一生。朱执信的事迹感动着后人，他亦将成为永恒的纪念，号召着人们将爱国精神、奉献精神、奋斗精神薪火相传。

朱执信年谱

1885年　出生

10月12日，朱执信出生于广州番禺城内豪贤街（今广州市越秀区豪贤路）"汪氏随山馆"内。父亲朱启连是当地有名学者，通诗词和古琴，人称"琴王"，母亲汪若昭出身书香门第。

1900年　16岁

清政府签订了丧权辱国的《辛丑合约》，朱执信受到刺激，关心国事。

1901年　17岁

12月，朱执信作《读辛幼安南渡录感叹题后》一文，赞扬辛弃疾的爱国精神，阐发自己反抗清政府镇压人民的思想，被广州著名学府广雅书院拟取为文学第一名。

1902年　18岁

朱执信进入新式学校教忠学堂读书，后又同胡汉民、古应芬等人组织"群智社"，并阅读大量书籍。

1904年　20岁

朱执信参加广东省留日考试，名列第一，以官费东渡日本留学，进入东京法政大学速成科攻读经济。他在东京结识孙中山等多名留学革命青年，接受了反清的革命思想。

1905年　21岁

7月，加入中国同盟会，成为同盟会最早的会员之一和重要骨干，被选任评议部议员兼书记，担任同盟会机关刊物《民报》主要撰稿人，并阐发孙中山的三民主义，主张用革命手段推翻卖国的清政府。

1906年　22岁

朱执信回国，先后在广东高等学堂、法政学堂及两广方言学堂等校任教。他以教师的身份作为掩护，积极宣传革命，从事联络新军、绿林和会党的工作。

1月，朱执信写了《德意志社会革命家小传》一文，介绍了马克思、恩格斯的革命活动，并翻译了《共产党宣言》《资本论》的部分篇章。

1910年　26岁

2月，朱执信策动并参加广州新军起义。

1911年　27岁

朱执信作为广东地区的重要革命领导人，参与策划了黄花岗起义，并在4月27日起义当天亲自参加到战斗中，为革命血洒战场。

10月，武昌起义成功后，朱执信在广东发动民军会攻省城，迫使清水师提督李准投诚，对于促成广东"兵不血刃"光复，起了重大作用。

11月中旬，广东军政府（后改为都督府）成立，朱执信担任广东军政府总参议，后来又兼任过广(州)阳(江)绥靖督办、军政府核计院院长、军法处处长等职务。他清贫廉洁，一丝不苟，严格执法，不徇私情。

1913年　29岁

"二次革命"失败后，朱执信与廖仲恺前往日本，参与孙中山领导的反袁斗争。

1914年　30岁

9月，朱执信奉命返回广东，在广州及东莞、阳江、雷州等处，参与策划一系列武装斗争，协助邓铿主持广东的讨袁军事活动。在这期间，他还撰写了一系列政论文章，揭露袁世凯卖国独裁的真面目。

1915年　31岁

11月，朱执信奉孙中山召请赴日本筹商讨袁军事，正式加入中华革命党。

12月，朱执信受命为中华革命军广东司令长官，负责广东方面军事，在澳门秘密设立讨龙军事指挥机构，同时积极扩展中华革命党组织。

1916年　32岁

1月，朱执信在惠州等地举兵讨伐袁世凯以及其心腹广东督都龙济光。

1917年　33岁

7月，朱执信担任孙中山大元帅府的军事联络及掌管机要文书的职务，随孙中山率北京政府起义海军南下护法，从事党务、政治、军事和宣传等方面的工作，协助孙中山以陈炯明统率的广东省长亲军为基础，编练成援闽粤军，占据汀州、漳州地区，发展革命武装。

1918年　34岁

5月，护法运动失败，执信随其离开广州到上海，协助办理海外侨胞捐款事宜，并担任与福军及陈炯明军的联络，准备驱逐窃据广州的桂系军阀。朱执信并多次往返广东、福建和上海之间，积极从事驱逐桂系军阀的军事活动。

1919年　35岁

"五·四"运动期间，协助孙中山撰写《建国方略》，发表《革命党应该如何》等文，热情歌颂俄国十月革命的胜利。

1920年　36岁

8月间，朱执信受孙中山派遣，参与"粤军回粤"之役，对付占据广东的桂系军阀。

9月21日，朱执信到虎门调停驻军与东莞民军冲突时被桂系军阀杀害。朱执信牺牲的消息传来，孙中山悲痛地说："执信是革命的圣人"。